그대 아직 로맨스를 꿈꾸는가

권우용 지음

교음사

책 머리에

나는 병 들지 않고 여든까지만 건강하게 살았으면 했었다. 부질없는 욕심이라는 생각도 했지만 이제는 여든을 몇이나 넘긴 늙은이가 되었다. 내가 흘려보낸 것이 아니지만 청춘이란 꽃밭은 아득히 멀어져 버렸고, 흰머리 잔주름에 검버섯만 허무로 남았다.

일흔에 퇴직을 하고 사흘 만에 찾아간 곳이 연암공대 원로방 컴퓨터 교육장이었다. 또 밤 시간을 이용해서는 경상대학 평생교육원 시 창작 교실에 등록을 했다. 지금부터는 내 시간이니 무엇이라도 배워야 한다는 생각에서 몇 년 정도 열심히 했더니 이제는 자판도 두드리고 시 습작에도 흥미를 느끼게 되었다. 자연히 한두 편 글을 쓰게 되었고 게시판에 올리게 되었다. 그동안 배운 것도 없는 사람이 네 권째 책을 만들고 있으니 부끄럽고 쑥스러우면서도 스스로 대견하다는 생각이다.

이 책에 실린 글들은 그동안 "인생 70시리즈"로 KCLA(한국고령자정보화교육협의회) 게시판과 〈시와 그리움이 있는 마을〉의 포토에세이방(房), 그리고 〈어린 왕자의 들꽃사랑마을〉의 작품 방에 10여 장의 사진과 음악을 곁들여 올렸던 글들이다.

항상 부족하고 부끄러운 내용이라 생각했는데 언제부터인가 여기저기서 퍼가고 가져가는 사람들이 생기더니 내 이름자 지우고 자기 작품인 양 버젓이 발표하는 사람도 생기고 심지어 좋은 글이라면서 나에게 메일로 보내주는 친구들까지 생겨서 나를 놀라게 했다. 잘 쓴 글도 아닌데 별 일이라 하면서 허허 혼자 웃곤 했었다.

짧은 글 쓰기가 시대의 요구인 것 같아 처음부터 짧게 쓰리라 했다. 바쁘게 사는 사람들 시간에 쫓겨 책을 읽지 않으니 나만이라도 짧은 글, 쉬운 글, 읽기 좋은 글을 써야겠다는 생각을 했다. 그래서 시의 형식을 빌려 행(行)과 연(聯)을 이용해서 우리 실버들이 짧고 쉬운 글을 읽기 편하게 하려고 했다.

인생 100세 시대에 인생 여든은 아직 시들 나이가 아니다. 90보다 젊고 100보다 어리지 않는가. 잘 익은 인생 여든은 저녁노을 고운 빛깔처럼 절정을 맞이하는 나이, 우리도 한 번 빨갛게 물들어 즐겁고 신나는 인생을 살아야하지 않는가.

우리들, 90보다 젊고 100보다 어린 우리는 우선 건강하고 즐거워야 한다. 건강하고 즐거우면 이것도 더 바랄 게 없는 축복이고 은혜란 생각이다. 축복받고 은혜로운 인생이 바로 우리가 바라는 아름다운 인생 아닌가.

같이 하는 가족에게 감사하고 인연이 닿은 모든 분들께 감사와 사랑의 인사를 미리 해두고 싶다. 특히 창작기금에 애써 주신 이민호 선생님, 좋은 책 발간해 주신 교음사 강병욱 대표님께 감사드린다. 그리고 열심히 살면서 인생을 즐기라는 말씀을 드리고 싶다. 여러분들의 건강과 행운을 빕니다.

2020년 1월 정초(正初)에

진주사람 여농 권 우 용

| 그대 아직 로맨스를 꿈꾸는가 |

· 권우용 지음

· 차례

1. 이 아름다운 황혼에

2. 인생은 즐기는 사람의 것이다

3. 아직은 90보다 젊고 100보다 어리다

4. 그대 아직 로맨스를 꿈꾸는가

1

이 아름다운 황혼에

심심해서 죽겠다는 말

"심심해서 죽겠다"는 말은
해야 할 일도 없고
가야할 곳도 없으니
시간 보내기가 지겹다는 말
이처럼 바보스런 말이 어디 있는가.

흔히 노년을
어떤 의무나 책무로부터
완전 해방되는 나이라 하지만
두 손 놓고 빈둥대며 산대서야
우리가 어찌 어르신이라 할 것인가.

더러는 마음대로 행동해도
규범이나 도리에 어긋남이 없다 하지만
금쪽같은 시간을 허송하면
바람처럼 흐르는 세월에 떠밀려
사라져 가는 운명을 재촉하게 된다.

불쌍하게 보여서는 안 된다.
추(醜)한 모습을 보여서도 안 될 일이다.
무엇이라도 소일거리, 할 일을 찾아야 하고
밝은 얼굴로 친구를 찾아 점심도 나누며
이웃과 지역사회에 따뜻한 관심을 가져야 한다.

"아이고 죽겠다!"란 말도
죽기 전엔 함부로 하지 말자.
여든 즈음에는 세월도 빨리 흐른다.
보람찬 일을 찾아 바쁘게 살면
365일 24시간 모두가 나의 시간, 우리는 시간 부자가 된다.

내 인생은 일흔 살부터!
제 2의 인생을 사는 마음으로
열심히 살고 열심히 배우고 즐겁게 살아야 한다.
후회하고 허송하며 흘려보낼 시간이 없다.
남겨진 시간이 하루하루, 한 시간 한 시간 줄어든다는 게
얼마나 가슴 아픈 일인가.

열심히 노력한 사람,
끝까지 노력한 사람으로 살고 싶다.

우리들 삶은 영원한 진행형이다

인생은 영원한 경쟁
서로 앞서려 아귀다툼이다.
매일이 시험이다.
오늘의 점수가 모아져 삶이 결정된다.

수험 공부로 실력을 쌓듯
재물도 모을 줄 알아야 하고
건강한 육신을 위해
걷고 뛰고 땀도 흘려야 한다.
아름다운 삶을 위해
사랑에도 투자를 아끼지 않아야 한다.
하루하루 전력을 다해
이를 악물고 살아야 하는 것은
그 하루하루의 성적이 모이고 쌓인 것이
우리들 인생이고 오늘이기 때문이다.

인생 여든 즈음, 휴식과 여유를 즐기는 시기.
그러나 우리는 과거만, 추억만 이야기하고 있지 않는가.

어제는 이렇게 화려했다면서
많은 재산, 높은 자리 자랑만 할 것인가.

오늘 현재, 지금 이 시간이 중요하지
흘러간 영광, 흘러간 세월이 무슨 소용인가.
자칫 무사안일(無事安逸), 하는 일 없이
허송세월, 시간 죽이기나 하고 있지 않는가.

마누라 눈치나 살피며
하루하루 밥그릇 비우기가 지겹지 않던가.
할 일이 없고 꿈이 없으면
인생 여든 즈음에는 금방 폭삭 늙어 버린다.
이제 남은 시간이 아까워서도
그냥 무기력하게 앉아만 있을 일이 아니다.

오늘은 뒷산이라도 오르고
내일은 책 한 권이라도 읽자.
친구들 만나고 어울려 담소하며
노인대학, 평생교육원, 지역문화원 또 다른 어느 곳.
배울 곳도 많고, 가볼 곳도 많고
보고 싶고 만나고 싶은 사람 얼마나 많은가.

배움은 영원히 현재 진행형이다
오늘 우리들의 삶도 현재 진행형이다.

매일 연애하는 사람

친구들과의 즐거운 점심시간, 휴대폰이 울린다.
"여보세요? 네? 아 네 손여사? 아이고 오랜만입니다.
네… 네 어디요? 아, 그 만나 집?
네 네… 그런데, 지금은 친구들과 점심 중인데…
좀 일찍 전화 주시지 않고… 누구? 누구하고 같이요?
김여사? 박여사도…, 와 삼삼한 사모님들 다 모였군요.
그럼, 여기 식사 끝나면 바로 가겠습니다. 그럼 안녕!"
통화가 끝났는데 친구들 모두 깜짝 놀라는 표정들이다.

"와! 여농선생, 연애하는 모양이네!"
"연애는 무슨 연애! 그냥 친구들인데 뭘…"
"와 부럽다 부러워. 이 나이에 여자 친구들이 있다니…"
"친구 없이 우째 사노. 여자 친구 만나야 늙지 않는다는 것도 모르나…"
나는 기분도 좋고 신이 나서 괜히 우쭐해졌다.

해 질 무렵,
퇴근하고 친구들과 소주 한잔하는 자리에서도 휴대폰이 울린다.

"여보세요? 네? 아 네 네 사모님!
네? 지금 친구들과 소주 한잔 하고 있는데요.
그런데 사모님은 지금 어디세요?
네에, 꿈과 사랑이 있는 집! 아 네 평거동 거기… 우리가 만나던 곳….
네 네. 여기 한 병만 더 마시고 일어나면… 아마 9시쯤이 될 것 같습니다.
네? 빨리요? 허허 사모님! 와인 한잔하면서 좀 기다려 주세요.
네 네 곧 가겠습니다. 그럼…"
통화를 마쳤는데 친구들 눈이 휘둥그레져 있다.
"점심때는 손여사! 밤에는 또 어떤 사모님! 여농선생 여복도 많네."
"여복? 헛허허… 적어도 하루 한 사람씩 파트너를 바꾸어 만나야
즐겁고 신도 나지…"
"뭐? 하루 한 사람씩?…"
"적어도 한 달 동안 매일 한 사람씩 만날 정도의 친구가 있어야지…
그래야 매일 연애하는 기분이 나지."
"매일 연애…!?"

밤 9시경 나는 술이 한잔 거나하게 취해서
평거동 꿈과 사랑이 있는 집으로 찾아간다.
아파트 문을 열면 아내가 반갑게 맞아 준다.
"오늘도 기분 좋게 취하셨군요."
"아이고, 사모님! 별고 없었습니까? 얼마나 보고 싶었는지….
이렇게 달려왔습니다. 핫하하…"

"당신도 참… 당신은 사람을 즐겁게 만드는 노하우를 알고 있는 것 같네요."
"그래요? 내 통화가 싫지는 않았나 보군. 핫하하…"
그래서 우리는 얼굴 마주보며 즐겁게 웃는다.
행복하게 소리 내어 웃는다.

우리 두 사람, 아직은 연인처럼 사랑하고 있음이 확실하다.
즐거운 인생! 아름다운 인생이여!

밤새 55km를 걸었습니다

걷고 싶은데 어쩌란 말이냐.
지금도 튼튼한 다리, 걷지 않고 어쩌란 말이냐.
전국의 걷기 즐기는 친구들 다 모인다는데,
더구나 평생하지 못한 숙제처럼 가슴에 회한으로 남아 있는
진양호 한 바퀴 걷기를 단번에 이룰 수 있는데 말이다.

20km 코스만 하라는 아내의 만류도,
만용이라는 아이들의 반대도 들리지 않고
다만 나태와 무기력에서 벗어 나
나 자신을 극복하고 오랜만에 나의 체력도 한 번 체크하고
심야걷기의 낭만을 한번 즐겨 보려는 욕심도 조금 있었다.

진주라 천리 길 전국 걷기대회!
가을의 정취를 만끽할 수 있는 달 밝은 호반의 둘레길
전국에서 걷기를 즐기는 워크홀릭, 워크마니아들 다 모였다.
코스와 걷는 거리는 물박물관 출발
진주성- 뒤벼리- 진양교- 천수교- 경해여고 삼거리(20km)- 진양호
365계단- 동물원- 판문동 상촌- 오미- 대평교- 진수대교- 삼계 사

거리- 출발점(55km)까지였는데
밤 8시 출발부터 묘한 호기심이 가슴을 설레게 한다.

20km까지는 매일 걷는 길이라 선두 그룹에 있었는데
365계단에서 1분 정도 심호흡하느라 멈칫한 것이 탈이었다.
선두는 100M 앞으로 달아나고 점점 거리는 벌어지고 있었다.
칠흑 같은 어둠 속에 혼자 남겨진 공포와 두려움을 아는가.
젊은이들 다 떠나고 혼자 남은 늙은이,
그 소외와 외로움을 아는가.

만용이라는 아이들 반대가 생각났다.
그러나 천만에! 앞서 간 그룹은 겨우 50여 명이고
200여 명이 내 뒤를 따르고 있는데 무엇이 걱정인가.
그런데 아무래도 나이는 속일 수 없는 것,
다음 그룹에 따라붙어도 또 뒤로 처지고 또 외톨이가 된다.

주저앉고 싶은 마음, 포기하고픈 마음 왜 없었겠는가.
70, 80대 실버들의 대표도 아니면서 무슨 긍지 무슨 명예 같은 것
지킨다고 밤잠 멀리하고 이렇게 땀을 쏟고 있는 걸까.
그러나 여기서 포기하면 다시는 기회가 없다.
평생 내 가슴을 질타 할 후회와 좌절을 어찌할 것인가.
극복, 극기, 인내 이런 것들이 내 인생을 지탱해 주지 않았던가.

악전고투, 나 자신에게 지지 않기 위해 죽을힘을 다해 걸었다.

비록 패잔병처럼 다리를 절룩거리기도 했지만 미소만은 버리지 않았다.
평생 숙제를 마친 기분, 평생소원 이룬 기분 왜 즐겁지 않을 건가.

"내가 꼴찌 아닙니까."
"아직 뒤에 100명도 더 있습니다.
최연장자 같은데… 정말 대단하십니다."
모두들 박수를 쳤지만 조금도 자랑스럽지 않았다.
처음부터 과시하고 칭찬받으려는 공명심 때문이 아니었으니까.

시계는 아침 8시 30분을 가리키고 있었다.
진양호 140리 길을 밤새워 12시간 30분에 걸은 셈이다.

걷지 못하면 끝이다

작년 언제인가
「一無 二多 三小 四必 五友로 살자」라는 글을 썼다.
또 新四亡論에서
'걷지 못하면 三亡이다'라고도 썼다.
짧은 글이었지만
건강의 중요성을 역설한 내용이었는데
글이 괜찮았는지, 내용이 좋았는지 지금도
많은 사람들이 인용하고 있어 즐거운 마음이다.

그래, 걷지 못하면 끝장이고
비참한 인생 종말을 맞게 된다.
걷고 달리는 활동력을 잃는 것은
생명 유지 능력의 마지막 기능을 잃는 것이 아닌가.

걷지 않으면 모든 걸 잃어버리듯
다리가 무너지면 건강이 무너진다.
무릎은 100개의 관절 중에서
가장 많은 체중의 영향을 받는다.

평지를 걸을 때도 4~7배의 몸무게가
무릎에 가해지며 부담을 준다.
따라서 이 부담을 줄이고 잘 걷기 위해서는
많이 걷고 자주 걷고 즐겁게 걷는 방법밖에 없다.

건강하게 오래 살려면
우유를 마시는 사람보다 배달하는 사람이 되라!
더 무슨 설명이 필요한가.
언제 어디서든 시간이 나면 무조건 걷자.

동의보감에서도 약보다는 식보(食補)요,
식보보다는 행보(行補)라 했다.
서 있으면 앉고 싶고
앉으면 눕고 싶은 여든 즈음
누우면 약해지고 병들게 되고
걸으면 건강해지고 즐거워진다.
질병, 절망감, 스트레스, 모두 걷기가 다스리고
병이란 내가 내 몸에 저지른 죄의 산물이다.
잠 못 이루고 엉뚱한 망상에 몇 시간씩이나
죽은 듯이 누워 무슨 근심 걱정에 가슴 아파하나.

박차고 일어나라!
운동화 하나 신으면 준비는 끝이다.
뒷산도 좋고 강가도 좋고 동네 한 바퀴

어디를 가도 부지런한 사람들과 만난다.
처음에는 30분 정도 천천히 걷지만
열흘이면 한 시간에 20리를 걸을 수도 있다.
몸과 마음 가뿐해지고 자신감과 즐거움
당신은 어느새 콧노래를 부르고 있을 것이다.

노인들은 항상 결심만 한다

아쉬운 세모(歲暮),
또 한 해가 저무는데
이루지 못한 꿈 하나,
누구라고 없겠는가.
그저 건강하면 되었지
그저 즐거우면 되었지 하는 마음.
스스로 달래면서
인생이 그런 거라 웃어 보지만
서글퍼지고 괜히 센티해지는 것은
우리들 남은 시간이 또 줄어버렸기 때문 아닐까.

소중한 시간을 헛되이 살지는 않았나
가슴 저미는 후회로 반성을 하지만
역시 무사와 안일에 젖어
하루하루 시간만 허송하고 만 것인데
그래도 내일이 있고 새 아침이 온다는 사실
얼마나 고맙고 다행한 일인가.

이제 새로운 각오와 결심으로
새로운 출발을 하리라 다짐하지만
수많은 내일을 오늘로 흘려보냈듯
또 그렇게 흘러 보내지 않을까 하는 조바심.
그러고 보면 우리들 인생에서
오늘의 의미는 보석 같은 시간이다.
오늘의 삶과 축복을 내일로 미루지 말고
오늘을 불같이 사는 것이 잘 사는 길이다.
오늘 땀흘리는 수고가 있어야
내일의 수확과 기쁨이 있는 것 아니든가.

바보들은 항상 결심만 한다.
실천 없는, 노력 없는 결심은 헛구호일 뿐이다.
의욕도 없고 박력도 없다는 노령층
우리 실버들도 항상 결심은 잘한다.

그러나 금방 잊거나 포기하고 만다.
그리고 꿈을 접고 사는 것을 당연하다고 생각한다.
꿈을 잃은 순간부터 인생은 늙는다.
10년 20년 남은 인생 왜 포기를 하려는가.

이제 새 아침을 맞으며
거대하고 허망한 희망 말고
가능한 조그마한 다짐이나 목표를 가져 보자.

백해무익 담배를 끊고, 술을 절제하겠다,
무언가 배우며 즐겁게 어울리겠다는 생각.
그 실천과 결실을 위해
집념과 노력으로 열심히 살아야 하지 않겠는가.

청춘이 어디 갔냐고 찾지 마라

어느 흥겨운 술자리
노래 한 곡쯤은 불러야 하는 자리.
"청춘아, 내 청춘아, 어디 갔느냐"
잘 부르는 노래는 아니라도 열심히 불렀다.

자리에 돌아와 앉았는데
새까만 후배 하나가 술잔을 내민다.
"선배님, 멋집니다.
이 잔 받으시고 회춘하십시오."

순간 정신이 확 들면서 힘이 빠졌다.
아뿔싸 내가 고개 숙인 남자로 보였구나 하는 낭패감…
"야!, 이건 모욕이다! 당장 그 말 취소해라!
70, 80 청춘이 있다는 것도 모르나!"
허풍 섞인 항의에 후배는 황급히 사과를 했고
주위에선 환호와 박수가 터졌다.

그 이후로 아무리 흥겨운 자리라도

'청춘을 돌려다오' 류의 노래는 부르지 않는다.
가버린 젊음 애달라하는 심정은 알지만
외친다고 돌아올 청춘이 아니지 않는가.
누구나 열정으로 살던 젊은 시절의 박력이
영원하길 바라지만 노쇠는 운명이고 숙명이다.

인생 일흔부터는
겸손하게 자제하고 절제하는 나이인데
무슨 탐욕 남았다고
청춘으로 다시 가길 욕심일까.
못 다한 아쉬움과 그리움이야 있겠지만
꽃동산, 아름답던 추억 안고 살면 되는 것 아닌가.

그리고 지금도 늦지 않다는 생각…
90보다 젊고, 100보다는 어리다는 생각을 해 보자.
남은 인생 20년, 30년이 얼마나 소중한지
하루도 헛되이 살지 말아야 함을 알게 된다.
물같이 흘러버린 청춘이 가슴 아프면
남은 세월만큼은 허송세월하지 말기를 다짐한다.

못 배운 것 배우면 되고
사랑한다는 말도 나누며 살면 되는데
주저앉아 넋두리하며 외롭다 하고, 허무하다 해서야
무슨 발전, 무슨 보람, 무슨 즐거움이 있을 것인가.

가 버린 청춘 애달라하기 전에
남은 인생 열심히 사는 지혜와 열정을 가져야 한다.
가꾸고 노력한 만큼 우리들 인생
즐겁고 행복한 것일 테니까….

나이 탓이라 핑계하지 마라

섬진강 휴게소
산악회 버스 수십 대가 정차한다.
화장실은 순식간에 대 혼잡
발 디딜 틈이 없다.
급한 용무, 줄을 잘 서야함은
경험에서 터득하는 상식이다.

"영감님 좀 빨리 누소"
누군지 고함을 지른다.
다른 줄은 세 명이나 마쳤는데
저 영감님은 언제나 끝날지…

"나이 먹어 봐라…
늙으면 너그들도 별 수 없다."
영감님도 질세라 응수한다.
쥐죽은 듯 고요한 침묵, 무슨 이의가 있지 않다.
그래, 힘없는 오줌발은 나이 탓이지만 자연의 섭리
생리적인 노화현상을 누구라 탓할 것인가.

누구나 언젠가 겪게 되는 증세
누구나 이해하고 배려해야 하지 않을까.
그러나 나이 탓만으로
무기력하고 느린 동작 면책이 되는 것은 아니다.
흔히 나이를 먹어서…
내가 늙었기 때문이라고 자랑스레 말한다.

지하철에서도 자리 양보를 은근히 기다리며
으험 으험하고 헛기침을 하기도 한다.
경로석에 앉아 있으면
나보다 젊은 노인들이 아니꼬운 듯 나를 노려본다.
그러고 보면 나이가 많다고 노인이 아니고
젊어도 기운 없음이 노인임을 알게 된다.

나이 들어서…, 내가 늙어서…, 하기 전에
내 몸 하나는 젊게 유지하는 능력을 가져야 한다.
생로병사의 운명을 어쩌지 못한다 해도
노쇠는 특권이 아니고 면책이 아니다.

관심과 배려의 대상이긴 하지만
절대 고집하고 강요해서도 안 된다.
그러기 위해서는 우선 맑고 밝아야 하고
젊은이 같은 활동력을 유지해야 한다.

늙어서… 나이가 몇인데… 하는 말 하지 말고
그저 겸손하고 꿋꿋하게 원로의 체통 지키며 살자.
아이들이나 국가는 건강하고 아름다운 노년이어야
즐거이 보호하고 예우해 줌을 명심하렷다.

핑계, 고집, 참견, 완고, 인색
노년에 보여서는 안 될 꼴불견들이다.

一無 二小 三多 四必 五友

질곡 많은 인생의 여든 즈음은 피할 수 없는 종점이다.
그러나 이제 인생은 하고픈 일 하고 살만큼 충분히 길어졌다.
일흔 황혼이라 하지만 슬픔, 허무, 소외라 함부로 말하지 마라.
꿈과 희망 안고 사는 사람에게 나이가 무슨 문제이던가.
그럼, 건강하고 즐겁게 살려는 우리 실버들 어떻게 살아야 할까.

일무(一無)
담배 끊기(禁煙)는 필수다.
담배를 즐기면서 장수하는 사람도 있음을 인정한다.
그러나 역시 담배는 끊는 것이 옳다. 백해무익이라 했다.
그 무서운 암의 원인이라는 독소를 돈 주고 마시다니…

이소(二小)
소식(小食)과 절주(節酒)도 필수다.
식탐은 비만을 낳고 모든 성인병의 원인이 된다.
과일과 채소 위주로 적당한 양의 소식이 장수의 비밀이다.
기뻐서 마시고 슬퍼서 마시는 술도 자제해야 한다.
노년의 폭주는 뇌세포의 손상을 가져와 치명적인 뇌질환의 원인이 되게 하고, 노추로 교양과 인격에 먹칠을 한다.

삼다(三多)

운동, 접촉, 휴식도 필수다.
무엇이라도 매일 즐기는 운동 한 가지는 꼭 계속하자.
신체적인 활동에 자유가 있어야 살아 있는 것 아닌가.
친구 만나고 사람 만나고 새로운 문명도 만나고 꾸준히 사회적인 접촉을 유지해야 한다. 아내와의 사랑은 최고의 접촉이다.
피로는 만병의 원인이 될 수 있다.
가능하면 많은 휴식 속에서 재충전의 기회를 갖도록 해야 한다.
가장 쉬운 三多로 '많이 걷기, 된장 많이 먹기, 많이 웃기'를 말하기도 하는데 이것도 충분히 이해가 되는 내용 아닌가.

사필(四必)

걷고, 배우고, 즐기고, 웃으며 살자.
매일 한 시간 정도 걸으면 결코 내일 아파 눕는 일은 없을 것이다.
특히 공기 맑은 새벽, 뒷산 강변 동네 한 바퀴 어디라도 걷자.
목표를 정해 무엇이라도 배우면 늙을 시간이 없을 수도 있다.
적성이나 취미를 살려 즐겁게 배울 수 있는 과목을 선택하라.
아는 사람보다 좋아하는 사람이, 그보다는 즐기는 사람이 더 좋다.
열려 있는 마음으로 세상을 즐기며 사는 지혜를 가져야 한다.
웃음은 스트레스를 해소하고 인생을 즐겁게 하는 활력소다.
억지로도 웃고, 기쁜 일 만들어서도 티 없이 크게 웃자.

오우(五友)

자연, 친구, 책, 술, 컴퓨터를 친구하자.
자연을 벗삼아 산과 강으로 가자. 자연 속에 젊음이 있다.
마음을 열고 담소할 수 있는 친구, 많을수록 좋다.
언제 어디서나 가장 손쉽게 함께할 수 있는 책을 읽자.
절제해서 잘 마시면 술도 우리 건강과 사교에 도움이 된다.
만물박사 컴퓨터, 스마트폰을 배워 컴맹 면하고
인생을 즐기며 살자.

한 번뿐인 우리 인생 버릴 건 버리고 배울 건 배워서
꿈을 안고 집중할 수 있는 목표를 가질 때 인생말년
무기력에서 벗어나 활력 찬 인생을 즐기게 될 것 아닌가.

행복은 스스로 만드는 것이다

아내는 오늘도 두 손 모은다.
산에서도 강에서도 바다에서도, 솟는 해를 보고도,
크고 웅장하고 아름다운 모든 것이 경외의 대상인 듯
항상 두 손 모으고 무언가를 기원한다.

"무슨 소원이 그리 많노?"
"그저 아이들 건강하라고…"
"내 건강은 안 비나?"
"당연히 당신 건강이 먼저지요"
허 허 그러고 보니 나의 건강도 아내의 정성 덕분인가.
고맙고 착한 사람, 그래서 내 인생도 즐거운 것.

오늘 어느 모임에서 신오복론(新五福論)에 대한 덕담을 들었다.
행복한 인생에는 다섯 가지 복이 갖추어져야 하는데
건강(健) 아내(妻) 재산(財) 직업(事) 친구(友)를 말한다.

사람에 따라서 인생관과 가치관이 다르니
다섯 가지 복의 내용도 다를 수 있고

재산을 으뜸으로 꼽는 사람도 있겠지만
나는 건강을 으뜸으로, 아내를 다음으로 치고 싶다.

건강의 소중함 더 말해 무엇 하겠는가.
착하고 사랑스런 아내의 존재도 무슨 설명이 필요할까.
많을수록 좋다는 재산도 꼭 많다고 좋은 건 아니다.
분수에 맞게 열심히 살면 재산도 그만큼 모이게 마련인데
욕심 않고 만족하며 즐겁게 사는 사람이 행복하지 않던가.

일흔 줄, 여든 즈음에 들어서도 일, 직업이 있어야 나날이 즐겁다.
무어라도 배우고 봉사라도 하면서 일거리를 만들어야 한다.
친구도 많을수록 좋지만 참다운 친구는 많을 수 없다.
자주 만나서 소주 한잔 나누는 친구가 제일이다.

그런데 五福은 누가 만들어 주고 누리게 해주는 것일까.
부모님 물려주신 재산으로 예쁜 아내 얻고 좋은 직책에 앉아
멋진 친구들과 어울려 사는 사람도 있을 수는 있다.
그러나 그들만이 복을 누리는 것은 아니다.

우리들 보통사람들, 열심히 노력해서 살아가는 사람들도
우리 스스로 복을 만들고 복을 나누며 함께 어울려
얼마든지 한세상 즐기면서 행복하게 살 수 있다는 생각이다.
복을 기다리지 말고 스스로 만들어 가야 한다는 생각이다.

건강하기 위해서 스스로 체력과 건강 증진을 위해 땀 쏟아야 하고
아내와의 사랑을 위해서도 따뜻한 배려와 관심이 따라야 하고
가정의 평화를 위한 최소한의 재물도 스스로 준비해야 한다.
일과 친구도 나서서 만들지 않으면 누가 만들어 주지 않는다.

그러고 보니 복이나 행복은 우리들 스스로가 만들고 쌓는 것이지
어느 누가 만들어 물려 주는 것이 아님을 알 수 있다.
그 발복(發福)의 기본은 고운 마음이고 정성이고 진실이다.
착하고 어진 마음으로 열심히 살아야 복이 생기고
자신이나 자손에게 행복이 온다는 것은 인생의 소중한 진리다.

잊힌 사람으로 살지 않기

언제 어디서 옮겨 적은 누구의 글인지
메모 노트에 아래와 같은 글이 적혀 있다.

따분한 사람보다 불쌍한 건
불행한 사람입니다.
불행한 사람보다 불쌍한 건
병든 사람입니다.
병든 사람보다 불쌍한 건
의지할 곳 없는 사람입니다.
의지할 곳 없는 사람보다 불쌍한 건
쫓겨난 사람입니다.
쫓겨난 사람보다 불쌍한 건
잊힌 사람입니다.

불행하고 병든 사람이라 해도
결코 잊혀서는 안 된다는 내용이다.
의지할 곳 없이 외로워도
이 세상 누군가가 기억해 주는 사람
그런 사람으로 살기 위해
우리는 노력하며 살아야 하지 않던가.

인생 일흔 줄은 망각의 세대
무언가 깜박깜박 잊어버린다.
손자 손녀들 이름도 기억 안 나서
한참 생각해 본 일 없는가.
그러나 이건 노쇠현상에서 오는 건망증세
사람들로부터 잊히는 것과는 다르다.

술잔 나누던 친구들 만나지 못하니
얼굴도 감감하고 이름도 잊어버린다.
2~3년쯤 흘러 완전히 기억에서 사라진 친구
누구나 있을 것이다.
적어도 나는 그렇게 잊힌 사람이
되어서는 안 된다고 생각 않는가.

내가 잊히지 않기 위한 최상의 방법은
내가 친구를 잊지 않아야 함 아니던가.
가능하면 자주 만나 우정을 나누는
친구가 으뜸 친구 아니던가.
여의치 못하면 전화라도 안부를 묻고
이메일로 소식을 전해야 한다.
오라는 사람 없고 갈 곳도 없다면
얼마나 외롭고 쓸쓸한 인생인가.
만날 사람, 어디라도 찾아가는 사람이어야
잊히지 않고 사는 사람일 것이다.

이 아름다운 황혼에…

황혼은 아름답지만
길어야 30분이다.
우리들 인생 아름답다 해도
그 황혼은 순간이고 찰나이다.
어둠 속으로 뚜벅뚜벅 끌려가듯
그렇게 가는 것이 인생이다.

인생 황혼
그 종말은 오고 있는데
나는 무엇을 해야 하는가.
나는 어떻게 살아야 하는가.

나의 인생
가장 아름다운 완숙의 순간에도
우리는 다시 한 번
피어나지 못하는 운명
그 아픔 그 회한 모두 가슴에 안고
이제 무슨 말을 해야 하는가.

밤바람에 스러지는 이슬 같다 해도
순수, 자유, 꿈, 이상, 무엇이라도 외치며
아깝지 않는 목숨 내던지는
몸짓이라도 해야 하지 않는가.

이 아름다운 황혼에
암흑으로 밀려오는 어둠 앞에
어찌 가만히 앉아
바라보고만 있으란 말인가.

사랑하는 사람에게
사랑한다 말하고
고마운 사람에게
고마웠다는 말 한마디
피를 토하는 심정으로
뜨겁게뜨겁게 말해야 하지 않는가.

단순하고 느긋하게 인생을 즐기기

바니아투는 인구 20만의 미니 섬나라.
남태평양 80여 개의 섬으로 이루어졌다.
1인당 국민 소득이 2,900$로
세계 233개 국가 중 207위다.
그런데 놀라지 마라. 세상에서 가장 행복한 나라,
국민들 행복지수에서는 세계 1위다.

우리나라 국민들의 행복지수는 겨우 102위라니
맨발로 살아도 그들은 행복하다는 것이다.
물질적인 풍요가, 과학문명의 발달이
행복의 척도가 되지 못 함을 알 수 있다.

물질에 집착하지 않고
단순 소박하게 살면서도
서로 믿고 정을 나누며 사는 사회
우리가 꿈꾸어 온 이상향이 아닌가.

아는 사람은 좋아하는 사람만 못하고

知之者不如好之者
좋아하는 사람은 즐기는 사람만 못하다.
好之者不如樂之者
한 번 조용히 생각해 보아야 할
공자님의 말씀이다.

치열한 생존 경쟁에서 살아남기 위해
많이 배우고 알아야 한다.
실력을 갖추고 목표, 성공을 위해
매진해야 함은 두 말하면 잔소리다.
실력과 집념이 없이는
낙오되는 인생을 살아야 하지 않던가.

그러나 여든 즈음 인생 황혼에서는
이야기의 번지수가 좀 달라진다.
아름다운 황혼에 경쟁하듯 달리지 말고
좀 느긋이 붉은 석양을 즐기면 좋지 않겠나.

노년일수록 단순하고 순박해야 하고
텅 빈 듯이 소탈하고 너그러워야 하는 것.
24시간이 모두 내 것인데
허둥대고 조바심하며 뛸 필요도 없다.

느긋하게 여유를 즐기되

빈둥빈둥 밥만 기다리지는 말자.
함께 어울려 정다운 이야기하며
정, 사랑, 그리움 나누며 살아야 한다.

결국 우리가 꿈꾸어 온 것.
돈이나 성공보다는 즐겁고 행복한 삶 아니던가.

인생에서 가장 행복한 때

'인생 일흔 줄,
그 중에서도 74,75세 때가 가장 행복하다.'
이것은 최근 영국의 일간지 Telegraph지에 실린
우리 실버들에 대한 희망적인 기사 제목이다.

"HAPPIEST AT 74"
일생 중 74세 때가 가장 행복한 시기라니?…
고독과 아픔 속에 죽음 같은 삶을 사는
동료들도 많은데 이 무슨 엉뚱한 말인가.

그러나 주위를 살펴보면 인생 일흔은 청춘,
건강하고 즐겁게 사는 사람들이 얼마나 많은가.
세상사 달관하고 관조하면서
느긋이 자유와 여유를 즐기는 인생.
일흔 줄 우리 실버가 아니면
감히 어느 세대가 그 여유를 즐길 수 있단 말인가.

20대, 30대는 청년기라지만

결혼, 가족, 직업, 자립에다 스트레스까지
얼마나 많은 불안, 초조, 고민, 경쟁 속에 노력을 해야
역경을 이기고 살아남을 수 있다던가.

40대, 50대는 사업, 생존, 승진, 교육, 아파트 등
또 얼마나 많은 땀을 흘려야 하던가.
사회적인 책임감과 경제적인 부담에
파김치 같은 삶을 살아오고 있지 않는가.

60대도 퇴출과 퇴직의 기로에서
자녀들의 결혼과 제2의 인생에 대한
회의와 걱정과 불안감 때문에
잠 못 이루는 밤이 그 얼마이던가.

그러고 보면 우리들의 인생 일흔 줄
비록 못다 이룬 꿈과 회한도 많다지만
그래도 산전수전 다 겪은 백전노장,
경험이 있고 경륜과 지혜가 있지 않는가.

땀흘려 노력하는 사람에겐
노년은 쇠퇴기가 아니고 황금기일 수도 있다.
맑고 밝은 마음이면
무슨 짓을 해도 어긋남이 없는 나이가 아니던가.
하루하루 주어진 시간을 슬기롭게 사는 것,

어쩜 기쁨도 두 배가 되지 않겠는가.

황혼은 아름답다.
남겨진 시간이 길지 않기 때문이다.
이제 또 봄이 오고 꽃이 핀다.
행복은 우리 스스로 만들어가는 것이다.

삶의 가치, 아내와 나의 인생이 우선이다

인생 일흔 줄은 허무와 외로움의 그림자가 따른다.
아이들 위해 희생하며 가슴 졸여 살아온 세월
잘될사 못될사 아이들 교육과 혼사에 쏟은 정성과 열정에
흰머리 잔주름만 늘었고 몸과 마음은 병들지 않았나.

이제 인생 70에 아이들은 둥지를 다 떠나가고
남은 것은 아내와 나 두 사람만 남지 않았나.
엄마! 아빠! 하지만 어쩌다 안부전화 한 번이 고작이고
외롭고 소외되고 잊혀가는 신세 아닌가.

이제는 과감히 삶의 가치를 두 사람 위주로 살아야 한다.
두 사람만의 건강과 행복 그리고 아쉬운 노후를 위해
별수없지만 가능한 계획도 세우고
함께 즐기며 살아야 하는 방법을 생각해야 한다.

자기만족에 높은 가치를 부여해야 한다.
아이들은 그들의 인생을 살 수 있으니 다 잊고
아내와 나, 두 사람이 제2의 인생을 살듯

모든 가치를 두 사람의 행복, 보람, 즐거움에 두어야 한다.

우선 여가 선용에 함께 하면 얼마나 좋을까.
남겨진 두 사람이 종일 헤어졌다, 밤에는 또 각방이라면
이 얼마나 슬프고 바보스런 생활인가.
가능하면 함께 시간을 보내면서 대화하고 즐기면서
모임, 취미, 공부, 여행 등에 어울리면 얼마나 좋을까.

자기 개발에도 힘써야 발전이 있고 의욕도 생긴다.
요가, 서예, 컴퓨터, 수지침 등 무엇이라도 배우자.
노래 교실도 있고 노인대학도 있고 배울 곳은 많다.
배우는 사람은 항상 신나고 자신감과 성취감에 즐겁다.

건강 유지가 무엇보다 중요하고 신경을 써야 한다.
혼자 건강해서 무슨 재미, 무슨 자랑이겠는가.
새벽 걷기도 함께, 등산도 함께, 식도락도 함께
사랑하고 염려하는 마음이면 언제나 함께할 수 있다.

이해와 신의와 협조하는 마음가짐이 중요하다.
평생을 함께한 사람인데 이해하고 돕지 못할 게 무엇인가.
조강지처(糟糠之妻), 꽃다운 청춘 다 바친 사람 아닌가.
늙었다고 구박하는 몰인정은 천벌을 받는다.

인생 일흔 줄, 이제는 삶의 가치를 다시 배열하자.

우리 두 사람의 삶이 우선이고 아이들은 다음이다.
흘러버린 청춘에 허무와 후회로 가슴 아파 말고
우리들의 남겨진 삶이 축복이 되게 열심히 살자.

감사하며 살아야 한다

10대 때는 멋모르고 꿈속에 그리며 산다.
20대 때는 서로 좋아 신이 나서 산다.
30대 때는 무언지 모르고 눈코 뜰 새 없이 바쁘게 산다.
40대 때는 싫증나지만 버리지 못하고 체념하고 산다.
50대 때는 환멸을 느끼지만 서로가 어쩔 수 없어 산다.
인생 예순 줄에는 혼자선 외로우니 서로가 필요해서 산다.
인생 일흔 줄에는 서로가 고마워 등이라도 긁어 주려고 산다.
인생 여든 줄에는 누가 먼저 갈 지 불쌍해서 배웅하려고 산다.

일흔, 여든쯤에는 우리들 인생 산전수전 다 겪고 삶을 관조하면서
서산에 묻히는 석양처럼 마지막 휴식을 취하는 시기다.
인간사 지나고 보면 한줄기 바람이고 구름인데
아직도 다투어 챙길 탐욕 같은 것 또 남았는가.

그저 건강하게, 그날까지 즐거우면 되는 것 아닌가.
인생 일흔, 여든에는 고마움의 표시, 감사를 알아야 한다.
땀도 함께, 눈물도 함께한 아내에게 감사하고
열심히 살고 있는 아들, 딸, 며느리, 사위에게도 감사하고

항상 기쁨을 던져주는 꿈나무 손자, 손녀에게도 감사하고
따뜻한 정을 나누며 살아온 형제, 친지에게도 감사하고
우정을 나누는 친구들, 인정을 나누는 이웃들에 감사하고
내 나라, 내 민족, 우리 사회에도 감사하며 살아야겠다.

물론 그 중에 으뜸은 험한 가시밭길 함께한 아내에게
뜨거운 감사와 사랑을 전하는 말 한마디 아니겠는가.

감사는 미소와 사랑을 불러
당신과 나, 우리 모두를 즐겁고 행복하게 할 것이다.

감사합니다.
사랑합니다.

2

인생은 즐기는 사람의 것이다

인생에서는 누구나 혼자다

산에 갈 때는 모두 함께지만
산에서는 누구나 혼자이다.
앞뒤로 오손도손 함께 오르지만
어느 누구도 대신 오르지 못한다.

물 한 모금, 사과 한 조각 나누지만
어디까지나 정상은 자신이 올라야 한다.
고난을 극복할 줄 알아야 하고
자신과의 싸움에서도 이겨야 한다.

스스로 고통 속에 뛰어들어
그 고통을 참고 즐기며 땀을 쏟아야 한다.
마음을 비울 줄도 알아야
무공(無空)의 순수, 깨끗함이 그 자리를 채운다.
그건 비워져 아무것 없음이 아니라
가슴 가득 채워지는 충만이라는 것이다.

정상에서는 흰 구름, 하늘뿐만이 아니고

발아래 삼라만상 모든 것이 다 내 것이 된다.
땀과 눈물, 고통과 탈진.
오르는 고비마다 어려움과 역경이 있어도
편안한 휴식과 환희.
내려오는 길의 기쁨과 여유도 있다.

숱한 고난과 어려움 극복한 인생이 아름답듯
기진맥진 쓰러질 듯 오른 산을 우리는 잊지 못한다.
언제나 산을 올라 행복한 것은
신선한 충만감과 자유와 기쁨을 만끽하기 때문이다.
인생극장에서의 나약과 어려움을 잊고
용기와 도전과 집념을 선물로 받기 때문이다.

스스로 외로워지기 위해 오르는 산
외로워야 비로소 자유와 희망을 안을 수 있다.
스스로 땀흘리려 오르는 산
정신은 오히려 더한 풍요로움을 얻는다.

우리들 삶, 인생도 산행과 같은 것
나 자신의 삶을 내가 살아야 한다.
어느 누구도 대신 살아주지 못하는 것
스스로 배우고 땀흘려 일하고 이루어야 한다.

노년의 특급열차

'인생 여든 줄은 날(日)로 늙는다.'*
그래서 그런지 아침마다 듣는 인사에
"밤새 안녕하십니까?"가 많아졌다
건강을 염려해서 물어주는 고마운 안부이긴 하지만
"언제 떠나십니까?"
"떠날 준비는 되었습니까?"란 말처럼
염려를 가장한 어투로 들리는 때도 더러 있다

멍하니 앉아있지 말고
아직은 주눅 들지 말고
아는 체, 잘난 체, 참견치 말고
넋두리 우는 소리, 슬픈 표정 말고
당당하고 즐겁게 살려고 결심하고 있는데

그 동안
수만 리 인생길이
완행처럼 지루하다 했는데
여든이 되고 보니 놀랍게도 특급열차였음을

이 속력이라면 종착역이 금방인 것 같으니

지금부터는 완행열차를 갈아타고
그저 편히 앉아
풍경도 세상도 즐기면서
함께가는 친구들과 깔깔거리면서
옆에 앉은 할멈 손도 한번 잡아주면서
그렇게 그렇게 천천히 천천히 갔으면 좋겠는데
이제는 문명이 좋아져 완행열차는 세상에 없다하니
흘러가는 구름도 무심하고
흘러가는 모든 것이 다 순간임을 알겠다.

특급열차는 달려가고 종착역이 다가와도
아침마다 자리에서 일어나 큰 기지개 한번하고
"감사합니다."
"사랑합니다."
아침인사 하고 운동화 신고 뛰어나갈 일이다.
오늘 뛰는 사람 내일 죽을 일 없음이라

*詩人 김달진은
'인생 예순 줄은 해(年)로 늙고
인생 일흔 줄은 달(月)로 늙고
인생 여든 줄은 날(日)로 늙는다'고 했다.

나이는 숫자일 뿐이다

나이아가라는
"나이야 가라"라는 유행가가 되었고
"내 나이 묻지 마세요"
"사랑하기 딱 좋은 나이"도
노년의 허무와 외로움을 달래는 인기곡이 되었다

인간 100세 시대는 이제 꿈이 아니다.
현대 의술과 과학문명의 발달로 섭생에 조금만 주의하면
누구나 100세 인생을 향유할 수 있는 시대가 오고 있는 것이다.
따라서 나이 같은 것 굳이 따질 필요가 없는 세상이다.

경로석에 앉았다 하얀 머리 노인이 다가오면
얼른 일어서서 자리를 비켜준다.
비실거리고 불편한 사람이 노인이지
굳이 나이를 따져 무슨 소용일까.

이웃을 살펴보니
노년 같은 장년이 있고

장년 같은 노년도 있음을 알게 된다.
그리고 노년 중에도 불편한 어르신이 있고
아직은 쓸 만하다고 큰소리하는 젊은이 같은 사람도 볼 수 있다.

인생 일흔 줄 노인이라고 주저앉은 사람과
땀 쏟으며 산을 오르며 사랑하는 사람의 차이를 아는가.
술타령에 잔소리로 사는 영감탱이와
무언가 배워야 한다며 학교 가는 어르신의 차이를 아는가.
스스로 외롭고 끝장이라며 포기하는 늙은이와
20년 30년 남은 인생 꿈과 희망으로 사는 노익장, 무엇이 다른가.

결심, 노력, 열정, 야망, 박력, 집념을 가졌나 못 가졌나에 따라
노후뿐만 아니라 그 인생, 현재의 생활도 확 달라진다.
나날이 새로워지려는 노력, 무어라도 배우려는 노력.
왜들 그런 희망 그런 생각을 갖지 못하는가.

아직은 꿈과 희망 버릴 나이가 아닌데
왜들 체념하고 포기하고 물러서려 하는가.
한 번 가면 그만인 인생, 그냥 잊히고 말건데
무얼 망설이고 무엇 아까워 한숨으로 살려는가.

건강하게 삶을 즐기고 못 즐기는 것
모두 당신의 탓, 열정이 있나 없나에 달려 있다.
남은 인생 아름답고 즐겁게 살다 가자.

나이는 숫자일 뿐, 열정은 젊은이들만의 전유물이 아니다.

그러나 잠깐!
100세 장수가 재앙일 수도 있다.
병이라도 얻어 건강하지 못하고 누워 지낸다면 말이다.
유병장수(有病長壽)는 가정의 비극이고 나라의 재앙이다.
더구나 세계에서 가장 고령화 속도가 빠르다는 우리들에게 말이다.

그래서 건강해야 하고 즐거워야 한다는 말이다.
적어도 건강 하나만은 가족·국가에게 짐이 되지 않는
맑고 밝은 모습으로 노년을 즐겨야 한다는 바램이다.

아직 뼈아픈 후회 남았는가

아무도 사랑해 본 적이 없다는 거,
언제 다시 올지 모를 이 세상을 지나가면서
내 뼈아픈 후회는 바로 그거다
그 누구를 위해 그 누구를
한 번도 사랑하지 않았다는 거.
(황지우의 「뼈아픈 후회」 中에서)

인생 노년은 추억과 후회의 시절
항상 추억하고 후회한다.
그때 그 아가씨가 고왔는데
결혼했더라면 얼마나 좋았을까.
말죽거리의 땅 500평
그걸 샀더라면 나도 지금은…

이루지 못한 과거사
가슴 아픈 추억들
지금 와서 추억해서 무엇 하며
가슴 치며 후회한들 무슨 소용인가.

먹을수록 후회스런 식탐도 있고
가질수록 후회스런 사치도 있다.
뜨거울수록 후회스런 사랑도 있고
이루지 못해 후회스런 로맨스도 있다.
그래서 추억은 아름다워야 하지만
후회는 단 한 번으로 충분하다.

새로운 시작과 각오.
후회는 가장 빠른 새로운 시작이 되어야 한다.
후회를 넘어 새로운 각오, 결심을 하고
심기일전 노력하고 이루어 나가야 한다.

서서히 밀려오는 어둠을 맞이하면서
그대 아직 후회스런 일 남았는가.
뼈아픈 후회 가슴 아픈 후회가 남았거든
떨치고 일어나야 한다.
다시 시작할 시간 아직은 남았고
지금이 그 출발점이 되어야 한다.

돈이나 재물은 아닐 테고
만나고 싶은 사람 있다면 찾아 나서라.
희미한 첫사랑의 그림자 그 소녀가 그립거든
또 후회하는 일이 있더라도 찾아 나서야 할 것 아닌가.

이루지 못한 꿈이나 이상이 있다면
지금부터 배워도 되고 쌓아도 된다.

인생 말년에 가장 후회스런 일은?
같이 늙는 또래에게 물어보니
반(半) 이상이 불같이 사랑하지 못했다는 것
그리고 사랑받지 못했음을 말한다.
아내도 있고 가족도 있고 친구도 있는데
사랑이 후회스러운 것은 슬픈 일이다.
왜들 사랑하고 사랑받지 못했을까.
사랑은 노력이고 베품이고 희생인데 말이다.

복상사(腹上死)를 꿈꾸지 마라

황홀한 황천길
짜릿한 쾌락, 그 절정에서의 죽음!
그래서 영어로 Sweet Death(달콤한 죽음)이라 하고
영국에서는 말 타는 죽음(Saddle Death)
프랑스에서는 달콤한 죽음(甘死.Mort Douce)
중국에서는 색풍(色風)이라 부른다.

복상사, 짜릿한 쾌감의 순간에 죽는 걸
누구라 싫다 하겠냐만
그래도 인생 일흔, 여든 줄 할아버지 입으로는
감히 입에 올릴 말이 아니지 않는가.

친구들 몇몇이 모여 소주 한잔 나누는 자리
9988234라는 구호가 좋았는데
어느 날 "9988 복상사"라는 구호가 나왔을 때
비록 함께 웃긴 했지만 서글픈 생각이 들었다.

아직도 엑스타시(Ecstasy)와

에로티시즘(Eroticism)의 황홀경에서 벗어나지 못했는지
아니면 아직도 짐승 한 마리 가슴에 숨겨두고
호시탐탐 먹잇감 노리며 살고 있는지
그것도 아니라면 무용지물이 되었다는 충격을
애써 감추려는 허세는 아닐까.

인생 일흔, 여든 줄에도 그리움은 같다
늙으나 젊으나 설레임도 같다.
더구나 사랑의 열정은
우리의 삶을 아름답게 해 주는 윤활유 같은 것.
그래서 호기심에다 신선미까지 겸한 로맨스를
못 이룬 꿈처럼 가슴에 안고 그리는 것 아닌가.

누구나 흘러 버린 청춘을 애달라하며
아름다운 사랑의 순간을 꿈꾸며 살지만
아무리 죽음도 두렵지 않는 생의 찬가라 해도
추잡한 모습의 죽음이 구원이 되고 정답일 수는 없다.

아내가 있고 아이들이 있는데
사랑한다는 말이라도 해야 하지 않는가.
고생한 아내, 열심히 사는 아이들에게
고맙다는 말 한마디는 해야 하지 않는가.
그리고 마지막 순간까지 웃는 얼굴, 맑고 밝은 모습으로
아내의 품에 안기는 아름다운 이별이어야 하지 않는가.

적어도 성욕의 감퇴가
탐욕으로부터의 해방과 축복일 수도 있지 않을까.
인생 일흔 줄, 더 이상 로맨스나 복상사 생각 말고
아름답고 고운 이별의 주인공이기를 기도함이 옳다는 생각이다.

신사망론(新四亡論), 병 하나 얻으면 일망(一亡)이다

술도 안 마신다, 담배도 안 태운다,
음식도 골고루 잘 씹어 먹고 영양가 다 따져
보양 보식 식생활에 문제없다.
거기다 아침 운동 저녁 운동 좋다는 것 다 하고
그것도 모자라 걷기에 수영에 청년들보다 더 젊게
노익장을 구가하며 밤도 즐겁게
인생도 즐겁게 살아가는 노인들을 주위에서 흔히 본다.

그러나 자랑하지 말자. 내세우지도 말자.
건강은 현재 나의 상태일 뿐 내일이 어떨지 모레가 어떨지,
한순간 앞이 어떨지 아무도 모른다.
내 탓 아닌 남의 탓으로 드러눕는 경우도 허다하고
갑자기 닥치는 불행은 또 얼마나 많던가.
그런데 아무리 생각해도 四亡에 이르기 전
一亡에 드는 시기는 병 하나 얻는 이때가 아닌가.

그래, 병 하나 얻어 자리에 누우면 一亡이다.
건강하던 사람이 밤새고 나면 입원이고 쓰러졌다 하니

일흔이 넘으면 누구라도 장담치 못한다.
활동에 불편 없는 상황은 또 덜 하지만
당장 드러눕기라도 하는 날에는 하늘이 무너진 듯 망연자실,
가족들은 가족대로 본인은 본인대로 이제 一亡이 시작되는구나.
하면서 의욕도 잃고 실의에 빠져 절망에 이르게 된다.

왜 저렇게 못 했을까, 왜 그때 그렇게 했을까,
그 일도 나의 탓, 그 시련 그 후회와 회한
살아 온 세상사 돌이켜 보며 한숨짓고
혼자 눈물도 흘리며 어쩜 이별까지를 생각한다.
건강할 때 좀 건강을 다지지 못한 것 후회해도 소용없고,
병의 원인이 되는 나쁜 섭생에 대해 미리 좀 대비하지 못한 것
전부 자신의 탓인데 이것도 운명인가 하고 가슴을 친다.

그러나 잊지 말자. 아직은 희망이 얼마든지 있다.
이제 겨우 一亡인데 아직 三亡이나 남았는데 무슨 걱정이람.
아직은 꿈 희망 버리지 말고 일망을 이기는
방법 노력을 찾아야 하지 않는가.
실의와 절망에서 벗어나 다시 일어서는
감격과 기쁨을 가져야 할 것 아닌가.

一亡 같은 것 다 잊고 一亡 탈출을 위해 노력하자.
노력 여하에 따라 소병장수(小病長壽)할 수도 있고
병 하나를 극복하고 사회에 공헌한 사람들의 대열에 낄 수도 있다.

병들어 누우면 一亡이지만 , 다시 일어나면 다시 즐거운 인생이다.
병 하나 얻지 않기 위해 지금부터도 늦지 않다.
새벽 운동이나 걷기 등산 등 조그만 노력이 一亡을 예방해 준다.
긍정적으로 즐겁게 사는 것이 건강의 비결이다.

신사망론(新四亡論), 각 방 쓰면 이망(二亡)이다

부부간에 각방 쓰면 二亡이다.
여기서 각 방이란 두개의 방을 말하는 게 아니고
각 잠, 즉 같은 잠자리에 자지 않는다는 말이다.
한방에 자더라도 나는 이쪽 끝, 아내는 저쪽 끝 이라면
이는 분명 각 방보다 더 한 시베리아 벌판이 아닌가.

병을 얻어 一亡에 드러눕게 되면
인생의 종말을 맞은 듯 신체 어느 부위가 아프고 부자유스러우니
자연 행동이 자유롭지 못하고
건강 회복을 위한 운동도 할 수 없게 된다.
왜 좀 일찍 운동에 힘쓰지 않았나 하고 후회스러울 뿐이다 .

아니면 활동에 별 지장이 없는 경우라 해도
의욕도 떨어지고 좌절감과 상실감 때문에
자신감이 사라지면서 무기력해진다.
신체 활동이 활발치 못하니 팔다리에 기운이 빠지면서
활력도 적어지고 스태미나도 없어지면서
눈도 침침해지고 괜스레 짜증이 나면서 트집을 잡고

사사건건 불화가 되고 점점 애정이 식어가게 된다.

一亡의 원인이 아내에게 있는 것처럼 착각하기도 하면서
흥미나 매력도 느끼지 못하는 남남의 관계가 되기도 한다.
비아그라가 좋다지만 불씨가 살았을 때 도움이 되는 거지
불 꺼진 항구의 발동기는 아무래도 돌지 않는다.

애정이 식어가면서 서로의 편리를 위해 다른 잠자리를
갖게 되면 소위 죽은 채 엎드려 잔다는 포기상태가 된다.
대화도 없고 속삭임도 없으니 아~ 나는 끝이구나 하면서
쓸쓸하고 외롭고 허무한 생각이 들면 영락없이 二亡이 된다.
전기장판, 돌침대 아무리 따뜻하다 해도
아내의 체온보다, 아내의 부드러운 살갗보다 따뜻하지 않다.

행여 절대, 절대로 각방만은 쓰지 말고 ,
혹시 불꽃이 꺼졌다 해도 각방만은 쓰지 말자.
지아비나 아내나 다 같은 실버, 함께한 사랑을 생각해서
서로 의지하고 서로 이해하고 못다 한 정 나누고 살아야겠다는
마음만 있다면 잠만은 한 이불에 체온을 나누며 자야 한다.

손도 잡아 주고 얼굴도 마주 보며 한 허리 잘라내듯
사랑한다는 말도 하고, 고생했다는 위로도 하면서
숨소리 나누며 잉꼬부부처럼, 한 쌍의 원앙처럼
아끼고 사랑하는 사람으로 살자.

피로에 지친 팔다리 맛사지도 해 주면서
서로가 서로를 위해 줄 때 스킨십도 가능하고
어쩜 고목에 꽃피듯 애무도 즐길 수 있지 않겠는가.

시베리아 벌판에서 각 잠을 잘 것인가,
따뜻한 잠자리에서 체온 나누며 함께 잘 것인가,
현명한 판단은 자신의 의지이고 아내의 이해에 달렸다.
각방 쓰면 二亡이지만 함께 자면 二亡이 도로 一亡이 된다.
그래도 각 방 고집한다면 三亡 四亡도 금방 다가온다.
각방 고집하다 四亡으로 바로 직행한 비극도 들려온다.
체온 나누는 잠자리는 二亡 탈출의 첫걸음이고
즐거운 노후, 우리들 행복의 귀중한 묘약이다.

신사망론(新四亡論), 걷지 못하면 삼망(三亡)이다

건강하게 오래 살고픈 것은 노인들의 희망이고 꿈이다.
장수와 건강, 두 마리의 토끼를 잡는 최고의 방법은 운동이다.
아무리 의학이 발달되어도 운동을 능가하는 것은 없다.
그 중에서도 걷기는 누구나 언제 어디서나 할 수 있는 가장
쉬운 운동이기에 최근 들어 크게 각광을 받고 있다.

지구상에 인간이 태어나 살면서 Homo erectus(척추 곧두세우고 걷는 사람) - Homo faber(자유로운 손으로 무얼 만드는 사람) - Homo sapiens(두뇌와 지력의 발달로 무얼 만드는 사람) 순서로
진화되어 온 걸 보면 인간 최초의 본능적인 동작은 걷기였다.
걷기에서 지능도 발달되고 신체적인 기능도 생겨
활동영역도 넓어지고
오늘날의 우리들 인간이 문명을 이루고 살고 있는 것 아니던가.

사람은 걷지 않으면 건강치 못하고 오래 살지 못한다.
다리가 무너지면 우리들의 건강, 명예, 재산, 인연 등
모든 것이 무너진다.
안 쓰면 퇴화하고 녹슬어 기능이 정지되는 것이 우리들 몸이고,

뇌 활동도 활성화 되지 못하고 상상력과 자신감 같은 것도 서서히 꺼지면서 어두운 나락의 심연으로 빠져들게 된다.

따라서 걷지 못하면 三亡에 이른다.
병 하나 얻어 一亡에다 짝 없이 각 잠 자는 二亡을 거쳐
걸음도 걷지 못하고 누우면 이제는 절망적인 생각이 든다.
오늘 걷는 사람 내일 쓰러지는 경우는 없는데 왜 진작 좀 걷고
뒷산 오르며 신체적인 활동 능력을 유지하지 못 했을까
때 늦은 후회는 가슴만 아프게 하고 한숨만 불러온다.
인간은 걸으며 사는 동물이다. 걸어야 갈 수 있고, 얻을 수 있고,
만날 수 있고, 볼 수 있고, 싸울 수 있고, 이길 수 있고,
걸어야 살 수 있다.
三亡에 들지 않기 위해 당장 걷기(무슨 운동이라도)부터 시작해 보자.
동네 한 바퀴, 운동장 한 바퀴, 30분부터 시작해 보자.
우리 몸의 뼈 200개 근육 60개가 함께 움직이며 당신의 몸을
서서히 건강 체질로 탈바꿈하면서 희망과 즐거움이 생길 것이다.

세상에는 두 종류의 인간이 있다.
땀흘려 걷고 운동하며 열심히 사는 사람과
죽어도 아니 걷고 땀흘리는 기쁨도 모르고 편하게 사는 사람이다.
그런데 누우면 죽고 걸으면 산다는 건 현대 의학이 증명한 진리다.
당신은 어느 쪽인가, 이제 걸을 것인가, 이래도 아니 걸을 것인가.
돈 한 푼 들지 않고 청구서 한 장 없는 완전 무료인데도 말이다.

신사망론(新四亡論), 숨쉬지 못하면 사망(四亡)이다

병들어 육신이 아프고 의욕을 잃으면 一亡이고
기력이 떨어져 각방 쓰고 각 잠 자면 二亡이고
신체 활동의 기능을 잃어 걷지 못하면 三亡이라 썼다.
이들 증상은 사람에 따라 다르지만 어쩜 순식간에 올 수도 있다.
그럼 四亡에 이르는 다음 순서는 무엇인가.

당연히 밥 먹지 못하고 숨쉬지 못하면 四亡이다.
우리들 삶의 마감, 의학적으로 심장박동과
호흡이 영구적으로 정지된 상태를 말한다.
질곡 많은 인생사 모든 짐 다 내려놓고
가족, 사랑, 재산, 명예, 모든 것 다 남겨둔 채
북망산 어느 곳 한 평 땅을 얻어 자신을 묻는
가슴 아프고 슬픈 최후를 말하는 것이다.

죽음에 대해 두려움을 갖는 것은 당연하다.
세상에 모든 인연 다 끊고 캄캄한 암흑 속으로
어느 누구 돌아온 일 없는, 생명 없는 곳으로
홀연히 사라진다는 사실은 공포를 가질 만도 하다.

저승은 어떤 곳인지, 최후의 심판은 어떤 모습인지
겪어보지 않고 죽어보지 않고는 아무도 모른다.
인생에는 유효기간도 없고, 꿈만 있으면 정년도 없다지만
생존 기간에 마감이 있다는데 생로병사의 비극이 있는 것이다.

그러나 한 번은 가야 할 운명, 너무 두려워 말자.
앞서간 어른들 만나는 기쁨도 있고
뒤에 올 사람들 기다리는 즐거움도 있으니 말이다.
四亡에 이르는 과정을 자연의 섭리로 받아들이고
아름다운 인생 즐겁게 살았으니 언제 죽어도 좋다는
심리적 마음의 다짐과 결재를 미리 해 두자.
시인 천상병(1930~1993)은 그의 시 「귀천」에서 우리 인생을
잠시 동안의 즐거운 소풍이라 노래하고 있지 않는가.
지구에서의 소풍을 마치고 자연의 품으로 돌아가는 인생,
얼마나 즐겁고 아름다운 일인가.

최고의 명의는 자기 자신이다.
병을 내가 내 몸에 저지른 죄의 모습이라 생각하자.
땀 흘리는 노동(운동)을 귀하게 여기지 않고
안일과 나태에 빠지면 병이 들고,
죽음으로의 여정이 시작되기 때문이다.
좋은 음식, 편한 생활, 끝없는 욕망 같은 것 자제하고 절제해서
겸손하고 진지하게 살아가는 열정을 가져야 한다.
그래서 아예 一亡에 들지 않도록 노력해야 한다.

인생 여든 즈음, 자연스레 한 번쯤 죽음도 생각해 보자.
삶에 너무 집착 말고 틈틈이 행복한 최후를 그려 보자.
나 혼자만이 할 수 있는 극히 인간적인 마지막 한마디도
생각해 보자.
가장 우아하고 품위 있게 떠나가는 라스트 신도 연출해 보자.
그리고 나의 떠남이 남아 있는 여러 사람들에게 기쁨이 되고
그립고 아름다운 추억이 되도록 노력하자.

왜들 사랑하고 사랑받지 못하는가

인생 여든 즈음, 반딧불 인생이란다.
불도 아닌 것이 불인 척 한다고.
여기저기 찾아야 한단다.
어느 방에서 자는지 모르니까.
별 수 없이 상노인 취급을 받는다 한다.

가진 사람, 없는 사람 차이도 없고
배운 사람, 못 배운 사람 차이도 없고
잘난 사람, 못난 사람 차이도 없단다.
거기다 항상 눈치 보며 살아야 한단다.
혹시 이사 가면서 버려두고 갈까 봐.

그리고 아무 쓸모가 없단다.
유효기간이 지나서 가져다 버려야 한단다.
이렇게 냉대 받고 가슴 아프다는 노년
과연 우리는 사랑받고 사랑하지 못하는가.
왜 우리는 스스로 외롭다 슬프다 하면서
어느 누구를 사랑하지 못하는가.

古稀를 넘긴 나이에 애인이 있다면
神의 은총이고 하느님의 축복이라 한다.
사랑받지 못한다는 것은
아무도 사랑하지 않는다는 말과 같다.

어느 사람 사랑하고 그리워하면
그 사랑은 메아리가 되어 꼭 돌아온다.
외롭다 넋두리 말고 하소연 말고
외로운 사람, 어딘가에 있는 친구를 만나자.
만나서 안부하고 茶마시고 음악 듣는 사이
마음만 열면 가까운 곳에 친구는 있다.
그리고 함께 살아준 세월이 고맙다는 아내
왜 주름살까지 닮은 아내를 사랑하지 않는가.
아름다운 삶의 동행,
주름 속에 담긴 속 깊은 사랑이 아름답지 않던가.
늙었다고 시들어 버렸다고 푸대접하고
남남으로 각방에서 등 돌리고 지나지는 않는가.

부부는 공동 운명, 쇠사슬에 묶인 죄수처럼
슬픔과 기쁨 함께 할 수밖에 없다.
남은 열정, 아름다운 순애를 다해
아내 사랑함이 사나이의 도리, 본분이 아니겠는가.

사랑! 쉬운 것도, 어려운 것도 아니다.
따뜻한 마음으로 사랑해야 사랑을 받는다.
여든 나이에 사랑! 애인! 이제부터라도 마음을 열고
神의 은총, 하느님의 축복받는 인생을 살아야 하지 않는가.

갈 곳도 없고 오라는 곳도 없고

황혼의 일흔 줄 고개
해는 서산에 걸렸고
땅거미 지며
어둠은 밀려오는데
살아온 인생이 허무하여
멍하니 바라보고만 있는가.

가려해도 갈 곳도 없고
어디 한 곳 오라는 곳도 없고
만나려 해도 친구들 떠나고
이 세상 홀로인 듯 외로운가.

피땀 흘려가며 살아온 인생
추억은 아름답다지만
가슴 가득 쌓인 회한에
괜히 눈시울 적시고 있는가.

그러나 어쩌랴

인생의 종착역
한 발 내려서면 그만 아니던가.

내일 인생의 종말이 온데도
오늘 한 그루의 나무를 심는 마음
꿈과 희망 버리지 말고
지는 해 어둠만 보지 말고
이른 아침 불덩이로 솟는 해를 보자.

허무, 소외, 고독만 생각 말고
꿈, 희망, 배움, 취미, 친구, 사랑…
무엇이라도 탐구하고 즐기면서 살자.
절망하고 좌절하는 사람에게
이 세상은 비극이지만
희망 속에 꿈을 가진 사람에게
이 삶, 이 세상은 아름다운 화원이다.

환희로 맞는 아침의 해오름
얼마나 싱그럽고 아름다운가.
오늘도 내일도 붉은 해가 뜬다는 것
얼마나 즐겁고 희망적인가.
결코 추억에 울지 말고
고운 꿈 하나 가슴에 안고 그렇게 살자.

노년의 세월은 왜 빠른가

고장난 벽시계는 멈추기도 하지만
세월(인생)은 결코 멈추지 않는다.
청춘이 어디로 갔나 추억하며 후회하지만
지금, 오늘은 자꾸 흘러 과거가 되곤 한다.

꿈을 지니고 열정 속에 뜨겁게 사는 사람들은
시간이 너무 빨리 흐른다 하고
꿈도 없고 희망도 없고 의욕도 없는 노인들은
시간이나 죽이며 밥이나 축내면서 인생이 지겹다 한다.

인생 황혼에 곧 밤이 오는데
왜 우리들의 시간은 하루가 스무 시간인 것처럼
한 달도 금방, 일 년도 금방 흘러가 버리는지
나이들수록 시간이 너무 빨리 흘러감을 알게 된다.

나이들면서 우리들의 육신은 늙고
혈압 맥박 등 생체 시계(리듬)의 속도가 느려져
상대적으로 시간이 빨리 간다는 느낌인데

제대로 즐기지 못한 시간의 낭비 때문이 아닐까.

젊은이들처럼 매일 새롭고 일상적인 기억으로
하루하루를 활동적으로 살아야 한다는 생각이다.
흐리멍덩하고 구질구질하지 않게
맑고 밝은 정신으로 깨어 있었으면 좋겠다는 생각이다.

별수없이 건강해야 하고 즐거워야 한다.
스스로 다짐하고 분발해서 열중할 수 있어야 하고
노력, 정진, 도전하면서 새로워져서
시간 아껴 바쁘게 살아야겠다는 생각이다.

구름 같은 세월 바람타고 흘러버렸다는 말
너무 바보스런 말 아닌가.
금쪽같은 시간 내가 아껴야
가는 세월을 잡을 수 있음이야.

아직 연장전 후반이 남았다

남루와 초라는 나의 얼굴
음달에서 살면서 항상 춥고 배고팠다.

질시가 싫어
하대가 싫어
가슴에 숨어 울면서도
땀 흘리며 살면 되려니 했다

쓰러지지 않으리
절대 주저앉지 않으리
하물며 굽신거리지 않으리
싸우며 달려온 나의 인생
이제 체력이 바닥이라 해도
아직 게임은 끝나지 않았고
연장전 후반이 남았다

끈질긴 무승부
성공도 없었고 실패도 없었다

스코아는 아직도 0 : 0

온몸에 힘이 솟는다
즐거움 희망 열정 같은 것
그래 나는 이기고 있다
적어도 쓰러지지 않은 나의 인생
나는 실패하지 않는데 성공했다
나는 부끄럽지 않게 살아오는데 성공했다

좀 손해면 어때
좀 바보스러우면 어때
좀 적게 먹으면 어때
좀 천천히 가면 어때

열심히 땀 흘리면 돼
내가 한 발 더 뛰면 되는데
나만이라도 끝까지 버티면 되는데

항상 부족한 듯 겸손하게

훌륭한 스승 만나기 어렵고
존경스런 어른 만나기도 어려운 세상.
모두들 잘났다고 큰소리로 외치고
서로 나서려고 싸우는 세상에
인생 일흔 줄, 여든쯤에는
무슨 일을 해도 부끄럽지 않다 하면서
근엄하고 군림하는 표정으로
세상을 삐딱하게 내려보는 사람들.
안하무인(眼下無人)에다 유아독존(唯我獨尊)
그야말로 독불장군식의 엉뚱한 아집과 고집들이 많다.

왜들 좀 겸손하지 못 하는가.
왜 좀 부족한 듯 낮추지 못 하는가.
무얼 잘 났다고 얼굴 치켜들고
무얼 다 안다고 어디서나 참견하고
자기 이야기 자기 자랑만 내세우며
남의 이야기는 듣지도 않는 무례.
그러니 자연히 따르는 사람 없고

잊힌 사람이 되어 찾는 사람이 없어진다.

항상 부족한 듯 겸손하게
스스로 낮추고 사는 것이 인생살이의 기본.
그래야 좋아하는 사람이 생기고
함께하며 도와주려는 사람도 생기고
소주 한잔하자는 친구도 생기고
저절로 사람이 모이고 즐거운 인생이 된다.

설치지 말고 좀 어수룩하게
이기려 하지 말고 그저 지지만 않을 정도로…
언제 어디서나 감사하는 마음으로
누구에게나 너그럽고 올바르게 말하는 사람
그렇게 사는 것이 바른 처신이고
일흔, 여든 노인들이 가져야 할 덕목 아닌가.

우는 소리, 탄식과 한숨 같은 것,
스스로 인생을 불행하게 할 뿐이다.
참견하고 훈계하는 군소리도
건방진 노인으로 낙인받기 십상이다.
그저 잘난 체 말고 스스로 조금 부족한 듯
고운 마음으로 웃음이라도 나눠주며 살자.

서산에 해는 걸렸고 곧 밤인데

누구에게나 좋게 보이는 늙은이로 살자.
그러나 결코 멍청하지 말고, 아프지 말고
맑고 밝은 모습 그대로 달관한 듯 허허 웃으며 살자.

인생은 즐기는 사람의 것이다

못 배운 사람은
배운 사람이 부럽다 하고
못 가진 사람은
가진 사람이 부럽다 한다.
그러나 배운 사람이나 가진 사람도
자식 잘 둔 사람이 부럽다 한다.

그런데 자식 잘 둔 사람은
건강한 사람이 부럽다 하고
건강한 사람은
부부 함께 산으로 가는 사람이 부럽다 한다.
함께 인생을 즐기며 사는 모습
그보다 더 아름다운 행복이 어디 있을까.

흔히 인간사나 우주의 삼라만상,
아는 것만큼 보이고
보이는 만큼 느끼고
느끼는 만큼 사랑하고

사랑하는 만큼
즐길 수 있다고 했다.

경쟁과 스트레스 속에 싸움질이지만
스스로 알아서 느끼고 사랑하며
즐기고 사는 것이 행복이려니…
무슨 탐욕, 무슨 공명심에 스스로 묶여
무거운 짐 지고 허둥대며 허덕이는가.
욕심 버리고 마음의 문을 열면
마음에 평화, 즐거움이 바로 거기인 걸…

하나를 배우면
다른 하나가 보이고
또 하나가 보이면
무엇인가 가슴에 느껴진다.

그래서 가슴이 사랑으로 가득한 사람
누구와도 웃음을 나누며 즐거워할 수 있다.
자꾸 어제를 이야기 말고
노력 없이 꿈만 꾸는 내일 이야기도 말며
오늘 이 순간 하고 싶은 일,
가고 싶은 곳, 만나고 싶은 사람, 찾아 나서자,

그래 우리들의 삶,

후회 없는 인생 마무리,
무얼 더 기다리고 욕심 할 것인가.
노년에 스스로 즐거운 사람,
지금 이 순간 웃고 있는 사람이 인생의 승리자다.

3

아직은 90보다 젊고 100보다 어리다

무기력, 무력감에서 벗어나기

마음이 내키지 않는다.
괜히 힘들고 귀찮아진다.
외출하기도 싫다.
자연히 사람 만나기가 싫다.
주면 먹고 없으면 안 먹고…
스스로 무얼 하고 싶지도 않다.
이렇게 사는 보람 느끼지 못하고
활력을 잃고 사는 사람들이 있다.

의욕이 없고 열정이 없음은
곧 죽음이 가까이 있음과 같다.
이루지 못한 꿈에 대한 후회도 없고
내일에 대한 희망도 없는 생활.
무기력, 무력감은
비참한 최후를 재촉할 따름이다.

특히 일흔, 여든 줄 노인들에게는
체력이나 활력이 급속히 줄어들면서

"번거롭다 귀찮다 힘들다"라는 선입관 때문에
자칫 체념하고 포기하려 들기 십상이다.

한 번 뿐인 인생, 아까운 내 인생을
왜 팽개치고 죽음의 길로 뜀박질할 것인가.
새로운 것의 습득, 우선 무엇이라도 배우자.
컴퓨터, 서예, 바둑, 외국어 공부…
배우지 못해 가슴 아픈 사연 없었나.
자신이 없다면 제일 좋아하는 것
제일 해보고 싶은 것 하나라도 배워보자.

활동 능력의 유지, 운동은 필수다.
걷기나 자전거 타기는 가장 손쉬운 운동이다.
자신이 생기고 어쩜 열정도 생기고
세상에 대해 자신감이 생기게 된다.

친구, 친구를 만들고 어울려 살자.
커피라도 한잔 나누는 여친이 있다면 그건 더 좋다.
스스로 외톨이가 되기 전에
내가 스스로 친구가 되어 주는 것이 그 방법이다.

여행, 가보고 싶은 곳 어디 없는가.
좋은 곳, 역사가 있고 추억이 있는 곳.
어디라도 즐거이 찾아가 보자.

경비가 문제 아니고 가 보려는 의욕이 문제다.

인생 일흔, 여든 줄이라도 결코 늦지 않다.
자신감을 안고 한번 새 출발을 하자.
즐기며 살 것인가. 절망하며 사라져 갈 것인가.
그 해답은 당신, 당신의 결심에 달렸다.

일상에서의 탈출
새로운 것에 대한 도전
노력하고 열중하는 당신은 아름다운 사람이다.

겸손은 아름다운 미덕이다

겸손은 스스로 낮춤으로
더욱 존경스러워지는 미덕.
벼가 익을수록 고개를 숙이듯
스스로 조금 고개를 숙이면 된다.

착하고 고운 맘이 아니면
결코 겸손할 수 없는 것.
그래서 겸손은 인간의 아름다운 미덕
교양과 지성을 나타내기도 한다.

나서지 않고 자랑하지 않고
과시하지 않고 무시하지 않고
있는 듯, 없는 듯, 자신을 내세우지 않고
남을 배려하고 처신하는 것
얼마나 아름다운 마음가짐인가.

물을 닮으라 한다.
물의 아름다운 속성을 따르라 한다.

낮은 곳으로 흐르고
보이지 않는 곳으로 스며드는....
선두를 다투지도 않고
그저 조용히 골을 따라 흐를 뿐....
가뭄을 적시고 생명을 키우는
그 아름다운 심성을 배우라 한다.

땅을 닮으라 한다.
산과 들, 그 자연을 배우라 한다.
스스로 자신을 낮추고
푸르름 키우는 자연의 섭리.
더럽고 추악한 것 다 받아들이고
정화하고 순환하는 노력.
조용히 기다리는 땅과 자연의 겸손
인간에게 얼마나 큰 기쁨을 주고 있는가.

인생 여든 즈음
완벽한 성숙의 시기라 한다.
무슨 짓을 해도 어긋남이 없다 하고
무슨 짓을 해도 부끄러워 말라 하지만
자칫 겸손한 몸짓, 맘씨가 없다면
노망, 추태가 되고 꼴불견, 주책일 뿐이다.

누구를 만나도

착한 마음, 고운 말씨, 공손한 태도가 기본이다.
스스로 숙이고 낮추어야
더 큰 존경과 예우를 받을 수 있는 것 아닐까.

그리운 사람 하나 그리며 살자

그리움 하나
가슴에 안고 살면 되는데
자칫 외롭고 쓸쓸한 계절
한 잎 두 잎 지는 낙엽 보며
가슴 아픈 사연에
눈물이나 쏟고 있지 않는가.

세상에 어느 누가
기쁜 일만 있을가만은
외롭다 울고 슬프다 울면
스스로 혼자 처량해질 뿐이다.

가을은 그리움의 계절.
그리운 사람이 그리운 계절에
눈만 뜨면 마주보는 거울 같은 아내
아내는 옆에 있어도 그리운 사람이다.
아니, 그리운 사람이기 전에
사랑하는 사람이다.

그래서 나 아닌 또 하나의 나.
나의 분신이고 나의 반쪽이라 한다.

그럼 누구를 또 그리워할 것인가.
또 하나의 그리움은 죄가 되는 것 아닌가.
그리움의 대상 꼭 이성일 필요는 없다.
조그만 산 하나도 그리움의 대상일 수 있다.
우리가 추구하는 꿈이나 이상도
평생 이뤄야 할 그리움의 대상이 된다.

그러나 그 중 제일은 아름답고 고운 사람.
인생 황혼에 만난 어떤 얼굴 하나
만나서 따뜻한 차 한잔할 수 있는
그런 친구 있다면 그 정도는 좋지 않겠나.

보고 싶고 만나고 싶지만
함부로 쉽게 만나지도 않고
꿈속에서 만날까 가슴 설레며
기다리면서 혼자 싱긋이 웃을 수 있는 사람.

아무것도 바라지 않고 그저 그리워하면서도
건강과 행복을 빌어주고 싶은 사람.
그런 그리움 하나 지니고 산다면
노년에 얼마나 큰 즐거움, 위안이 될까.

가을, 그리운 사람이 그리운 계절에
누구나 나그네, 허무하고 허전한 나그네.
바람은 불고 낙엽은 지는데
외롭고 쓸쓸하다는 인생황혼 언덕에 서서.
그리움 하나 안고 산다고 무슨 흉일까.
누구나 그리운 사람 하나 그리며 사는 것 아닌가.

책 읽기, 내 인생의 1잘

한국 인문학의 권위 김열규 교수의 「노년의 즐거움」에
‘3잘’이라는 생소한 말이 나온다.
잘 살기 위해서는
잘 먹고, 잘 자고, 잘 놀아야 한다는 쉬운 내용이다.
어떤 사람은 잘 싸야 한다(배설)를 넣기도 하지만
모두가 건강을 위한 말씀들이 아니겠는가.

이 책을 읽고 나는 내 인생의 3잘은 무엇일까
부끄러운 내 인생에도 3잘이 있었던가 하는 생각을 해 보았다.
재물만이 으뜸인 세상에
권력과 명예가 으뜸인 세상에
잘나지도 못하고 배운 것도 없다면
무슨 자랑, 무슨 잘한 일이 있을 건가.

그래도 억지로 한 가지를 꼽는다면
나는 서슴지 않고 책 읽기, 독서를 말하고 싶다.
숙명처럼 궁핍하고 초라했던 시절
자연히 어울리지 못하고 외톨이가 되었다.

혼자가 되고, 혼자 있기에 능숙해지자
교과서나 찢어진 신문지라도 닥치는 대로 읽었다.
소설을 통해 순애보 같은 사랑도 경험하면서
인생의 쓰고 단맛에 울기도 하고 웃기도 한 셈이다.

삽과 괭이로 농부가 밭을 갈 듯
마음의 논을 갈고 밭을 일구는 것이 독서다.
좋은 책과의 만남은
좋은 부모, 친구, 연인, 스승과의 만남만큼 중요하다.
정신적인 완숙을 가져다 줄 뿐 아니라
그 사람의 품위, 교양, 권위, 수준까지 나타내기 때문이다.

독서는 글의 멋을 알게 하고, 글의 맛도 알게 한다.
그리고 좋은 글을 쓸 수 있는 글감과 재능을 제공해 준다.
나 자신 오늘날, 글 몇 줄씩 쓰는 즐거움에 사는 것은
어릴 적부터 한두 권 책 읽기를 즐긴 데서 연유된 것이다.

서권기 문자향(書卷氣 文字香)
'책을 읽고 교양을 쌓으면 그 사람 몸에서 책의 기(氣)가 풍기고
문자의 향기가 난다'고 했는데
끝내 가야할 우리들의 황혼 길목에서
책보다 더 유용한 친구가 어디 있을 건가.

책이 또 다른 '나'가 되고, 책과 함께 '우리'가 될 때
우리는 좀더 존경받는 어르신이 될 수 있지 않을까.
조용한 나만의 세계에 파묻혀 흐르는 세월도 잊고
독서 삼매경을 즐기는 것이 인생의 낙(樂) 중에 으뜸이라 하니
이제 좋은 책 한 권 고르려 책방 순례나 해야겠다.
묵은 된장맛, 책맛 본 지도 꽤 오래된 것 같으니 말이다.

걷기, 내 인생의 2잘

살아가면서 잘한 일
내 인생의 1잘은 책읽기 - 독서라고 쓴 일이 있다.
모으지도 못하고 배우지도 못한 놈이
인생을 살면서 잘한 일이 무엇 있겠나만
어려운 고비 주저앉았을 때
힘이 되고 위안이 된 것이 독서라는 생각에 변함이 없다.

습관이 된 독서에서 살아가는 길과 이치를 배웠고
지족상락(知足常樂), 청빈낙도(淸貧樂道)의 철학을 얻었다.
여든 즈음에 그래도 내가 행복한 것은
언제라도 독서삼매에 빠질 시간을 가졌다는 것이다.

그럼 내 인생의 2잘은 무엇일까.
나는 걷기라고 서슴없이 말할 수 있다.
여든 줄에 들면서도 아직은 건강하고 곧은 것이
걷기에서 시작된 아침 운동 때문이라는 생각이다.

산이 좋아 산으로 가고

차보다는 걷기가 항상 먼저다.
버스비가 아쉽던 어린 시절
등굣길 10리 20리를 항상 걸어 다녔다.

무슨 운명, 무슨 의무처럼
인간이라면 마땅히 걸어 다녀야한다는 생각도 했다.
인내와 끈기도 걷기를 통해 배웠고
근면과 성실도 걷기에서 익힌 인성이다.

걷기는 최고의 유산소 운동.
육신을 맑고 밝게 정화하면서 활력을 준다.
매일매일 계속하면 성인병도 멀리가고
'오늘 걷는 사람 내일 눕지 않는다.'는 말도 진실임을 알게 된다.

나를 돌아보고 성찰과 자각을 갖게 한다.
길을 나서야 닿을 수 있고 이룰 수 있고
만날 수 있다는 소박한 진리도 알게 한다.

새벽 걷기로 시작하는 즐거운 인생
걸으면서 즐겁고 행복하고 힘이 솟는다면
왜 걷지 않을 것인가. 나는 내일도 걷고 있을 것이다.

BMW.
버스 타고(Bus), 지하철 타고(Metro), 걷는 건강법(Walking)이

유명해지는 것도 다 이유가 있는 것이다.
걸어서 다리가 즐거우면 콧노래도 절로 나온다는 사실
이게 건강 유지의 첫걸음이다.

사랑에도 적금이 있습니다

한 쌍의 원앙처럼
누구나 함께하는 사람이 있어야 한다.
애인이라도 좋고 친구라도 좋고
말 벗, 길동무가 있어야 한다.
임을 가졌다면 축복이라는 노년
그 함께 나누는 체온은 축복을 넘어 은혜에 이른다.

손 마주 잡고 무언가 속삭이며
오솔길 걷는 노부부를 본 일이 있는가.
아름다운 노후의 순애보
우리가 꿈꾸는 사랑의 모습 아니던가.

매일 산길이나 강가를 걷는 노부부
그 금실의 비결은 무엇일까.
서로를 이해하고 아껴주고
사랑하는 마음들은 어디서 오는 걸까.

사랑의 적금

그 동안 모여진 사랑의 예금, 그 애정과 신뢰
사랑하고 남은 열정 버리듯 탕진하지 않고
고스란히 님의 품속에 적금으로 모으고
존경과 이해와 감사로 살면서
사랑의 적금을 쌓았기 때문이 아니던가.

젊은 한때의 열정을 불륜(不倫)으로
탕진한 사람들의 말로를 아는가.
사랑의 통장에는 한푼의 잔고도 없고
불신과 불화, 가슴에는 항상 찬바람만 분다.

이 세상 행복의 기초는 사랑.
그 가정 행복의 으뜸 기초는 아내 사랑.
그 사랑이 넘치고 넘쳐 잔고로 남을 때
노년의 행복, 아름다운 사랑이 되어
부러움의 대상이 되고
아름다운 인생의 향기가 되는 것일 게다.

지금도 늦지 않다는 생각
사랑의 적금을 시작하자.
아내 가슴에 통장 하나 만들어 놓고
매일 사랑한다 말하며 저축을 하자.

이해하고 대화하고 감사하면

적금은 금방금방 늘어날 것이다.
서로 불쌍해서, 등 긁어 줄 사람 없어
함께 살아야 한다는 여든 즈음 노년에
그래도 손이라도 마주잡고
사랑한다 말하는 노인으로 살아야 하지 않겠나.

행복, 행복을 어디서 찾고 있는가

밤새워 책과 씨름도 했지만
이제는 이것도 아니다.
이루려고, 우뚝 서려고 뛰기도 했지만
지금, 인생 여든 즈음엔 이것도 아니다.

더구나 모으고 쌓으려는 욕심
이건 더 더욱 아니라 버린 지 오래다.
비우고 홀가분히 살면 되는 것
마음의 평화보다 더한 게 어디 있던가.

나누고 함께 하면 좋은 것
사랑, 우정보다 더 좋은 게 어디 있던가.
자유롭고 즐거우면 되는데
몸과 마음, 건강이 으뜸 아니던가.
탐욕과 아집 버리고 살면
세상 모두가 아름다워 보인다.

고운 마음 바른 양심으로 살면

세상사람 모두가 정다워 보인다.
함께 웃고 함께 즐거운 세상
우리가 꿈꾸는 행복한 사회 아닌가.
살다보면 아픔과 상실도 있겠지만
슬기롭게 극복하고 잊어야 한다.

목표는 하나, 행복이다.
누구나 희망하고 지향하는 행복이다.
무지개 뒤까지 찾아가도 찾을 수 없는 것.
돈과 재물은 결코 행복이 아니다.

그럼 과연 행복은 무엇이고
어디에 머물고 있기에 찾지 못하는 것일까.
행복은 우리 인간이 꿈꾸는 최고의 가치
건강하고 즐겁고 더 바랄 것 없는 상태.
그럼 우리는 행복하기 위해
어떻게 살아야 하고 무엇을 해야 하는가.

조용히 주위를 살펴보자
행복은 이외로 멀리 있지 않고 가까이 있다.
사랑, 인정 나누면서 건강하고 즐겁다면
우리는 이미 행복에 젖어 살고 있는 것이다.
사람마다 행복의 척도가 다르지만
행복의 충족 조건은 한 가지 뿐이다.

세상에는 해야 할 일이 많고
누구나 좋아하고 하고 싶은 일이 있는데
그 일을 우리가 지금 하고 있다면
나는, 당신은 벌써 행복에 겨워 살고 있는 것이다.

지족상락(知足常樂), 만족함을 알아야 한다

기묘사화 때 동부승지 직에 있다가 삭탈관직당하고
파주 영봉산 자락으로 낙향한 김정국(1485-1542)은
만족함을 모르는 것이 최고의 병이고 최대의 불행이라 했다.

좋은 음식 먹고도 더 욕심하고,
좋은 옷 입고도 불평하고,
좋은 술 마시고도 욕하고,
서화를 즐기면서도 화내고,
미녀를 곁에 두고도 또 탐내고,
곡식 쌓아 두고도 불만이고,
좋은 향 맡으면서도 좋은 줄 모르고,
위 일곱 가지를 불평불만 한탄하니
이를 8부족(八不足)이라 했다.

반면에 만족함을 알아야 즐거움도 있고 행복도 있다 했는데,
토란국에 보리밥 먹고,
등 따뜻하게 잠자고,
맑은 샘물 마시고,

방 가득한 책을 읽고,
봄볕, 가을 달빛 즐기고,
새와 솔바람 소리 듣고,
눈 속 매화와 서리 속 국향 즐기고,
위 일곱 가지를 넉넉히 즐기니
이를 여덟 가지를 여유로운 즐거움(八餘)이라 했다.

인생 여든, 오랜 세월 살아오면서 무엇이 행복이라 느꼈는가.
그 탐욕, 그 불만 모두 부질없는 욕심들 아니던가.
비록 넉넉지 못하고 잘나지 못했다 해도 만족함을 알아야 한다.
겸손하고 소박하게 감사하는 인생이어야 한다.

知足常樂 - 만족함을 알면 인생이 즐겁다.
知足第一富 - 만족을 아는 사람이 제일 큰 부자다.
탐욕 버리고 만족을 아는 마음이 즐거운 인생의 첫걸음이다.
겸손하게 감사하는 마음에 행복의 길이 있고 즐거움이 있다.

곳감論 - 하나씩 아껴 먹기

우리 나이 일흔 줄 지나 여든 즈음,
어느 방에 자는 지도 모르게 죽은 채 엎드려 잔다는 허약해진 체질에
새삼 정력에 대해 이야기해서 무얼 하겠는가.
그러나 아직은 발동기 돌리고 고구마도 캐야 한다는
노익장도 있기에 친구들 모이면 여성들의 미모와
남성들의 정력을 곧잘 입방아에 올리지 않던가.

내 인생 가장 어려운 것은 성욕과의 싸움이었다.(간디)
여성들은 약한 남성을 지배하기보다 강한 남성에게서…
지배받기를 원한다.(히틀러의 「나의 투쟁」)
두말 필요 없이 성욕은 인간의 기본 본능 중의 하나인데
문제는 항상 남성들의 공격적, 적극적, 도발적,
주도적인 리드가 문제되고 그 능력이 문제가 된다.

그럼 40대부터 하향곡선을 그리다가 60줄에서는
불씨마저 가물가물 꺼져간다는 정력,
과연 그 정력은 유한한 것일까, 무한한 것일까.

여기서 전문 지식 없는 비전문가로서 먼저 떠오르는 것이
소위 말하는 곶감論, 즉 정력은 유한하다는 논리다.
다 먹고 나면 끝장이고, 다 쓰고 나면 끝이란 말이다.
체력이란 창고 속에 쌓여 있는 곶감
평생 안배해서 하나씩 먹어야 할 그 곶감을
맛에 취해 두 개 세 개 마구 먹어 치우고
남에게도 나누어 주면서(외도:外道) 탕진했다면
금방 끝장, 품절이 된다는 말이다.

이브의 매력이나 유혹,
순간적인 죽음이라는 쾌락 같은 것이 사나이 마음에 불을 당기지만
평생 탈 줄 알았던 불길은
금방 눈 깜짝 할 사이에 꺼져 버리고 싸늘히 식어간다.
불 꺼진 항구의 허무와 비애, 창고는 텅텅 비어 있고
그 맛있던 곶감은 더 이상 먹을 수가 없고 살 수도 없다.

청춘을 돌려 달라, 아무리 외쳐도 소용없는 일,
모두가 자기 탓이고, 바보 같은 낭비 탓인데 누굴 원망할까.

여기서 우리는 값진 교훈을 얻어야 한다.
재물도 그러하지만 정력도 결코 낭비해서는 안 된다는 걸,
노년에 외롭다 말고 싸늘한 잠자리 슬프다 말고
곶감 하나씩 아껴 먹고 검은 머리 파뿌리 될 때까지
사랑하는 님과 그 달고 묘한 맛을 즐겨야 한다는 것을…

옹달샘論 - 샘물 마시러 산 오르기

곶감은 다 먹었고 무슨 재미로 사느냐 한숨 짓지 말자.
모두가 자신의 책임, 원망할 사람도 없고 후회할 필요도 없다.
절대 아내의 탓이라 윽박지르는 만행은 폭력일 뿐이다.
그리고 정신을 차려보자. 아직은 희망도 있고 살길도 있다.
왜냐면, 이름하여 희망의 이론, 옹달샘論이란 게 있다.

'깊은 산 속 옹달샘 누가 와서 먹나요.'란 동요.
물론 토끼도 먹지만 목마를 때 즐겨 마시는 생수 아닌가.
그 시원한 청량감, 나른한 육체의 활력소가 아니던가.
정신도 활짝 개이고 세상사 모두가 즐겁고 신나지 않던가.

그 샘물 한 바가지 퍼마셔도 그대로 고여 있고
목마를 때마다 마셔도 쉽사리 마르지 않고
가뭄 타고 어떤 더위 닥친다 해도 조금 기다리면
또 솟고 솟아서 맑은 물은 또 다시 채워진다.

그러나 좋아하지 마라. 물 마시듯 쉬운 게 아니다.
옹달샘이 어디 있나. 깊은 산 속 어디든지 찾아야 한다.

산을 오르고 숲을 헤치며 땀흘려 찾아야 한다.
내일 또 마시고 싶으면 또 산을 오르는 수고가 있어야 한다.

옹달샘은 방 안 이불 속에 있는 게 아니고
매일 산을 올라야 찾아 마실 수 있는 생명수 같은 거다.
매일매일 빠지지 않고 운동하고 단련하면
정력이란 곶감論처럼 유한하지 않고,
언제라도 마르지 않는 무한한 샘물이 된다.
그대 좋은 침대에 누워 몇 개 남은 곶감만 빼먹고 있을 것인가.

뒷산 올라 숲속 옹달샘 찾아 시원한 물 한 잔
함께 나누어 마시고 즐길 수 있는 사랑이 더 좋지 않는가.

이제 아내 손잡고 뒷산 오르며 나의 옹달샘 하나 찾아보자.
땀 흘리는 노력만 있으면 언제라도 마실 수 있다.
사랑이 있는 노후, 얼마나 즐겁고 아름다울 것인가.
우리들 인생, 자신이 연출하고 자신이 주연이다.
그리고 나의 인생은 나의 것, 모든 것이 내 책임이다.

노년은 외롭게 버림받았는가

일흔, 여든 줄 인생은 백전노장,
산전수전 다 겪고 이제는 황혼을 맞았다.
깃발 펄럭이던 청춘은 추억일 뿐
가슴에는 회한과 아픔만 남았다.

아무리 노년의 즐거움과 여유를 강조해도
우리들 가슴에는 낙조의 쓸쓸함이 깃들어 있다.
더구나 자연스런 노화현상으로
신체의 어느 부분 또는 모두가 옛날 같지가 않다.

삼삼오오 허물없이 모인 자리에서
화제에는 자연히 회춘, 비아그라가 등장한다.
나의 청춘만은 영원하리라 믿었는데
어느새 누구나 고개 숙인 남자의 대열에 끼여
저질스런 대화에 귀를 기울인다.

"노년은 쾌락(탐욕)으로부터 버림받은 것이 아니라
오히려 악덕의 근원인 그로부터 해방되는 것이다."

이것은 고대 로마의 大철학자 키케로가
죽기 전에 쓴 「노년에 대하여」에 나오는 말이다.

인생을 살아오면서 끊임없이 우리를 괴롭히던
돈, 명예, 술, 여자, 사치 등의 유혹에서
과연 우리 노인들은
버림받은 것일까, 해방된 것일까.

생로병사(生老病死)의 순리에 따라 우리가 좀 늙었을 뿐
그 기능이 한계에 이른 것일 뿐.
사람에 따라, 관점에 따라 해답이 다르겠지만
우리가 버림받은 것이 아님은 확실하지 않는가.

무슨 짓을 해도 부끄럽지 않다는 나이.
남의 눈치 살피지 않아도 된다는 원숙의 경지에서
더 이상 잘난 체, 아는 체, 가진 체 할 필요도 없이
마음 편히 내 멋대로 살면 되는데

술집 아가씨 허리가 뭐길래
아직도 타령과 탐욕의 구렁텅이에서 헤어나지 못하는가.
어느 한 곳이 불능이래도
다른 곳 다 건강하니 축복, 은혜라 여기며 살자.

스스로 절망과 무기력의 틀 속에 가두어 두지 말고

어느 곳에 지금도 남아 있는 능력이나 기능을 살려
즐겁고 행복할 수 있는 방법을 찾아 나서야 한다.
인생은 70부터, 고목에도 꽃이 핀다 했는데
그까짓 회춘이라고 안 된다는 법도 없는 것.

지금부터라도 걷고 뛰고 산을 오르면서 젊게 산다면
인생 70, 80에도 연장전 20년이 있음을 알게 된다.
자유롭고 여유 있고 슬기로운 해방의 시기
즐기며 사느냐 울며 사느냐는 당신의 몫이고 선택이다.

세상사 뜻대로 해도 어긋남이 없는가

공자님이 그의 인생역정을 밝혀 말씀하시되
'15, 16세에 학문에 뜻을 두고(吾十有五而志於學)
삼십에 스스로 독립했으며(三十而立)
사십 세가 되어 남의 꼬임에 빠지지 않고
스스로 판단할 수 있었고(四十而不惑)
오십 세가 되어 천지간의 원리를 깨닫게 되었으며(五十而知天命)
육십 세가 되어 세상의 모든 일을 귀담아 들을 수 있거나
순리대로 판단할 수 있었고(六十而耳順)
칠십 세에 이르러 매사에 뜻대로 해도 법도에 어긋남이 없었다.
(七十而從心所欲不踰矩)'고 하셨다.

인생 70! 매사를 마음대로 해도 되는 나이인가.
인생 70! 매사에 어긋남 없을 자신이 있는가.
우리들 인생
스스로 꼬임에 빠지지 않고
스스로 판단해 천지간의 원리를 깨쳤다면,
세상일을 모두 알아 순리대로 판단할 수만 있다면
얼마나 좋으련만 우선 욕심 하나 버리지 못하고 있지 않는가.

무슨 행동, 무슨 말에도, 어긋남 없고 부끄럼 없으려면
우선 알아야 하고, 갖추어야 하고, 열려 있어야 한다.
학식, 지성, 인격, 도덕, 교양, 사랑, 이해… 등
세상사, 인간사의 모든 덕목 다 갖추고 있어야 하지 않을까.

무슨 말을 해도 진실이 되고
무슨 행동을 해도 모범이 되고
누구와 앉아도 친구가 되고
누구와 있어도 어울려 화목이 되는 그런 사람

어느 누구도 얕보지 않으면서 결코 자랑치 않고
스스로 낮추어 존경스런 겸손까지 갖춘 사람
그대는 그런 사람일 자신이 있는가.
그렇다면 매사를 뜻대로 해도 좋으련만…

우선 나이를 내세우기 전에 스스로 돌아보자.
스스로 부끄럼 없는 철학을 갖추었는지 살펴보자.
부끄럼 없는 원로가 되기 위해서
우선 삶의 눈물과 아픔을 알아야 하고 배워야 한다.
당당한 인격으로 예우 받고 살기 위해
우리 스스로 갈고 닦는 노력이 먼저여야 하지 않겠나.

노인이라고 다 어르신이 아니다

노인, 늙은 사람으로 살 것인가.
어르신으로 존경받으며 살 것인가.
노인은 몸과 마음이 스스로 늙는 사람
세월이 가니 늙는다고 믿는 사람이다.
반면에 어르신은 자신을 가꾸고
남을 배려할 줄도 알아 존경을 받는 사람이다.

노인은 자신만의 생각과 고집에 얽매여 있지만
어르신은 기꺼이 그늘이 되어 베풀기도 한다.
만나는 사람마다 덕담을 나누고
인정을 나누며 마음을 훈훈하게 한다.

일흔, 여든 줄 인생에
어르신이 노인일 수는 있다.
그러나 노인이라고
다 어르신이 되는 것은 아니다.
노인은 저절로 세월이 가면 되지만
어르신은 스스로 가꾸는 노력이 있어야 한다.

나이 들수록 유치하고 꼴불견인 사람.
스스로 내세우고 자랑하는 사람에게
어느 누가 감히 어르신이라며
존경과 감사의 인사를 하던가.

그래서 일흔, 여든 줄 인생
존경받는 어르신이 되려면
이해하고 감싸 안고 나누는 후덕함으로
포근하고 시원한 그늘이 되어 주어야 한다.
간섭하고 군림해서 지배하려 해서는 안되고
또 인색하면 삭막해져서 모두 멀어지고 만다.

거친 세파를 이겨 온 우리들의 지혜와 경륜은
가정과 사회의 귀중한 자산일 수도 있다.
달관과 통달에서 우러나는 충고와 채찍이
더러는 현명한 길잡이가 되지 않던가.

무슨 짓, 무슨 말을 해도 법도에 어긋나지 않는 나이지만
그래도 자제하고 절제하며 살아야 한다.
알아도 모른 체 겸손하게 살되
모든 것 다 아는 듯 느긋하게 살자.
두루두루 꿰뚫어보되
언제나 맑고 밝은 마음으로 나긋하게 살자.

얼마 남지 않은 인생
부질없는 아집이나 탐욕 같은 것 다 버리고
쓸쓸한 노인이기 보다는
활기 있게 살아가는 존경받는 어르신이 되자.

택시 타고 천왕봉을 오르다

할아버지 일곱이 천왕봉 오르기로 모의를 했다.
아침 7시 중산리 출발!
한 발 한 발 오르기 시작했다.
세상사 쉬운 게 어디 있나,
가쁜 숨에 땀도 흘렸다.

법계사 지나 된비알,
물 한 모금 마시며 모자 벗은 게 탈이었다.
젊은이들에게 대머리 뒤통수를 보이고 말았으니…

"어르신. 금년에 몇이십니까?"
"저요? 육학년 구반이요" 열 살을 접었다.
"예순 아홉 ! 야 대단합니다. 천천히 쉬면서 오르십시오."
"네 감사합니다."

그런데 입빠른 젊은이 하나가 툭 뛰어나온다.
"어르신! 쓰러지면 큰일 납니다. 정상 욕심내지 말고…
나이를 생각해야 합니다. 산보 정도로 하이소."

"잘 압니다. 걱정 말고 어서 올라 가시오."
그렇게 대화는 끝이 났다.

자존심이 상했다.
아내도, 큰 아이도 비슷한 이야기를 했지만
기분이 상하지 않았는데…
이건 말투나 뉘앙스가 영 달랐다.

무시였다.
염려를 가장한 무시에 수모를 당한 꼴이었다.
격려는 못할망정 열정에 찬물을 끼얹다니… 입맛이 쓰다.
정말 인생 일흔 줄은 죽은 듯이 엎드려 살아야 하는가.

천왕봉 정상(1915M)
정상 표지석과 증명사진 찍으려는 사람들로 북새판이라
멀찍이 물러앉아 물 한 모금 마시고 있었다.

그때 그 젊은이 팀들이 반 녹초가 되어 옆자리에 주저앉는다.
모자를 썼으니 알 수가 있나,
그래서 슬그머니 모자를 벗어 보았다.
시원한 뒤통수가 낯익은지 금방 알아보고 깜짝 놀란다.

"아! 어르신, 여긴 어떻게... 언제 올라 왔십니까?"
"왜 나는 올라오면 안되능교?"

"그게 아니고… 얼마나 힘든 덴데…"
"야, 그래서 택시 불러 타고 왔다 아잉교"
"예!? 택시예…!?

그때 큰 아이에게서 안부전화가 왔다.
"아버지, 어디 계십니까?"
"응, 나 천왕봉 정상에 있다."
"예!? 또 갔십니까?"
"그래, 그런대 오늘은 힘이 들어 택시타고 올라왔다 아이가…"
"예!? 택시예…!?"

"하하하하…"
나는 기분 좋게 웃고 있었다.
그런데 통화를 끝내고 둘러보니 젊은이들은 사라지고 없었다.

인생 여든 즈음!
'누가 우리를 엎드려 죽은 체 살아'라 하는가.
인생 일흔, 여든은 무시의 대상이 아니고 배려와 격려의 대상.
따뜻한 염려와 존경의 인사를 들려주었으면 얼마나 좋았을까.

아직은 90보다 젊고 100보다 어리다

어느 짧은 글에서 일흔, 여든 줄 인생을
"90보다 젊고 100보다 어리다.
아직은 연장전 20년 30년이 남았다"고 쓴 일이 있다.

100개 이상 달린 댓글에서 특히 이 말이
명언이라며 용기를 얻었다는 분들이 많았다.
희망 수명 100세 시대에 접어 든 요즘
인생 70, 80은 가장 많은 행복을 즐기는 세대라 한다.

취직, 결혼, 자립, 교육, 자녀 결혼… 등
스트레스와 경쟁과 의무와 부담에서 완전히 해방되어
인생 황혼의 자유와 낭만을 즐길 수 있기 때문이다.

나도 별 수 없이 늙었다고 좌절하기 전에
아직은 20년 30년이 남았다고 생각해 보자.
몸만 좀 건강하고 배우고 즐기려는 열정만 있다면
노년을 위한 프로그램이 얼마든지 열려 있지 않는가.

가보고 싶은 곳, 해보고 싶은 일은 또 얼마나 많은가.
인생의 원로로서 자랑스런 경험과 지혜도 있고
무슨 짓을 해도 잘못되지 않고, 부끄럽지도 않다는 자신감
거기다 달관하고 관조하는 너그러움까지 가졌다면
정열, 신념, 목표를 가지고 다시 한 번 나서야 하지 않겠나.
편히 앉아 쉬는 것만으로는 남은 세월이 아깝지 않는가.

무엇이라도 시작하자.
아니하는 것 보다는 실패가 더 필요하다.
실패는 성공의 어머니이기 때문이다.
욕심을 부려서는 안 되지만
무언가 배우고 봉사하는 길에
무슨 실패나 좌절이 있겠는가.

20년, 30년은 긴 세월
어떻게 노력하느냐에 따라
우리들 인생의 명예, 성공이 달려 있는 것이다.

4

그대 아직 로맨스를 꿈꾸는가

아는 만큼 인생이 즐겁다

아는 만큼 보인다고 한다.
세상의 모든 것에 해당되는 말이다.
의사의 병 진료도
알기 때문에 치료가 가능하다.
피카소의 그림도
알아야 그 숨은 뜻을 이해할 수 있고
부자가 되려는 사람
먼저 돈의 속성, 그 흐름부터 알아야 한다.

이렇게 골프, 야구에서부터
영화, 문학, 철학, 세상사 등 모든 분야에서
우리는 알아야 하고
알기 위해서는 배워야 한다.

우선 아는 만큼 보이니까
보이는 만큼 느끼게 되고
보이는 만큼 느끼게 되면
느끼는 만큼 즐기게 된다.

그렇게 느끼고 즐겨야
인생사 즐겁게 살 수 있고
즐겁게 사는 인생
그것이 바로 행복 아닌가.

그러고 보면 결국 알아야만
행복해질 수 있다는 결론에 이른다.
행복하기 위해서는
배우고 알아야 한다는 이치다.

여기서 우리는 배움과 아는 것이
행복과 성공의 첫걸음임을 알 수 있다.
그럼 우리 일흔, 여든 줄의 실버들
젊어 배우기도 했고, 아는 것도 좀 있는데

또 무얼 배우고 알아야 할까
새삼 지금 와서 무얼 배워야 한단 말인가.
노후의 휴식과 편안을 이야기하기도 하지만
평생을 일하고 배워야 하는 것이 사람의 도리가 아닌가.

바르게 살고 뜻있게 살기 위해서
건강하게 활동하며 즐겁게 살기 위해
무엇이라도 배우고 알려는 자세

그것이 우리들 삶에 활력을 줄 것이다.

가장 해보고 싶던 것, 취미 같은 것
남은 인생 10년 20년, 아직 늦지 않다.
배워서 알고 즐기는 것!
행복으로 가는 길이고 건강으로 가는 첩경이다.

부자 중에는 책 부자도 있습니다

"이 책 좀 찾아주세요."
서점에서 메모지를 내밀었다.
"네…!?"
아가씨는 놀란 듯 내 표정을 살핀다.
책 제목이 「어떻게 죽을 것인가」였으니…

토요일 저녁 아이들 모인 자리
"아버지, 이런 책을 뭐 하려고…?"
"캄캄하게 모르니 좀 알아야겠고
죽는 방법도 좀 배워두면 좋지 싶어서… ㅎㅎㅎ"
"좀 밝은 내용의 책을 보셔야지…
사고 싶은 책 목록 주이소, 사 드릴께…"

그래서 갑자기 네 권의 책이 생겼다.
꼭 사보고 싶었던 책들
김열규 교수는 「아흔 즈음」을 어떻게 보냈을까.
詩공부는 노년의 필수적인 글공부
공광규 시인의 「시 창작 수업」

시란 애인 만나듯 가슴까지 뛰지 않는가.
또「영어회화 표현 사전」
영어는 평생을 배워도 배워야 하고
잊어도 또 외워야 하는 공부가 아닌가.

쌀이 네 가마
갑자기 부자가 된 느낌
한 두어 달은 밥을 먹지 않아도
마음의 양식, 책을 읽으니
배부르고 즐겁겠다는 생각이다.

세상에는
책 부자도 있다는 말도 들리고
부자 중에서 가장 가난하지만
어쩜 가장 행복한 사람이란 말도 있으니
나도 열심히 책이나 읽어야겠다.

그리고, 인생 여든에는
책 속에 묻혀 책 읽는
독서가 으뜸 기쁨이 될 수 있어야 한다.

왜들 슬프고 외롭다는가

일흔을 넘기고
여든이 다가오자
건강도 옛날 같지 않다.
눈도 침침하고
두 다리에 힘도 빠져간다.

아이들 다 떠나 버리고
두 늙은이 별 흥미도 없다.
있어도 그만 없어도 그만
대화도 없고 어느 방에 자는지도 모른다.

자연히 갈 곳도 없고
누구 하나 오라는 곳도 없다.
모두들 허무하고 지루한 인생
하루해 보내기가 지겹다 한다.

아름다운 황혼에 관심과 예우는커녕
무관심과 냉대 속에서 세월보내기에 한숨만 나온다.

왜 좀 더 자신과 열정을 가지고
적극적인 삶과 생활을 개척하지 않는지…

경제적인 이유라지만
배우려는 열정만 있다면 길은 얼마든지 있다.
건강상의 이유라지만
아침시간 만들면 얼마든지 체력 단련이 가능하다.

책도 읽고 친구도 만나면서
산에도 가고 모임에도 나가면서 어울리면 되는데 말이다.
자신의 인생 자신이 연출하고
자신이 연기하며 꾸며 가는 것 아니든가.

스스로 떨어져 실의에 빠지면 인생은 비극,
스스로 외로움에서 헤어나지 못하게 된다.
꿈과 희망 가지고 자신있게 나서면
인생은 축복, 얼마든지 즐겁고 행복할 수 있다.

왜 책을 읽지 않는지
왜 뒷산 숲속을 걷지 않는지
숲속 맑은 바람 속에 걷기만 해도
인생 일흔, 여든은 아직 청춘일 수도 있는데 말이다.

인생 황혼이라 해도

적어도 10년~20년 정도는
이 좋은 세상 더 즐기다 가야하지 않는가.
내 인생 내가 만드는 것이다.
슬픔과 즐거움도 모두 내 탓, 내가 만드는 것이다.

즐거운 인생과 불행한 인생
모두 우리들 자신이 만드는 업보가 아닌가.

절망하고 체념하는 순간 사람은 늙는다

백발에 주름진 얼굴은
노화의 현장이자 현주소…
더러는 나약함과 추함도 보이고
상실과 외로움의 아픔까지도 말해준다.

여든쯤 되면
젊음, 청춘의 매력, 신체 기능에서부터
부모, 가족, 친구, 꿈, 희망 등 상실 아닌 것이 없다.
간혹 무기력하게 꿈과 희망 팽개치고
체념하고 절망하는 사람들도 있다.

그러나 탐구하고 노력하는 사람들은
백발과 주름을 자랑스런 생존의 깃발이라 여긴다.
꿈과 열정 버리지 않고
경륜과 관록 거기다 품격까지 갖추고
긍정적으로, 진취적으로 살아간다면
얼마든지 제2의 인생을 즐길 수 있지 않는가.

어느 누구나 황혼 열차에 올라야 하는데...
종착역은 저기 어디쯤 암흑 속에 있는데...
누구는 특급을 타고 가지만
완행을 타는 사람들도 있지 않던가.

절제하고 섭생을 잘하면
더 늙기 전에 젊어질 수도 있을 터…
"노년은 쾌락으로부터 버림받는 게 아니고
오히려 해방된 것이다."(키케로)

더러는 주책없는 염치라 하지만
곰곰이 생각하면 정곡을 찌른 말이다.
우리를 괴롭히든 여자, 담배, 술, 사치, 탐욕 등등
속박으로부터 해방되어 멋진 자유를 즐기고 있지 않는가.

행여 체념, 절망의 이야기는 하지도 말자.
체념, 절망하는 순간 꿈과 희망도 사라진다.
그 순간부터 우리들의 육신은 늙고
캄캄한 종착역은 하루하루 다가오지 않겠는가.

이제 꿈과 희망의 등불 밝히고
감사와 사랑을 이야기하자.
배우고 탐구하는 자세로
하루하루 새로워지고 변해야 한다.

그 노력과 열정이 우리들의 육신과 영혼을
아름답게 카다르시스 할 것이다.
체념하고 절망하는 순간이
늙음과 죽음이 시작임을 명심하라.
감사하고 사랑하며 사는 인생
탐구하는 노력이 젊어지는 묘약임을 명심하자.

배우고 도전하는 노년이 아름답다

몸을 쓰지 않으면
뇌일혈에 걸리고 병이 생긴다.
머리를 쓰지 않으면
뇌연화증에 걸리고 치매에 걸린다.

배움을 멈출 때
우리의 뇌세포는 줄어들기 시작하고
꿈과 비전 버릴 때
인간은 시들고 늙기 시작한다.

그래서 우리 나이 일흔 줄, 여든 즈음에는
폭삭 늙은 육신만이 있을 뿐이다
그렇다고 이대로 주저앉아
멍하니 세월 죽이기만 하고 있어 될 것인가.

늙기보다 쉬운 것이 없는데
좀 아름답게 늙는 방법은 없는 것인가.
건강하고 즐거우면 그만이지만

좀 더 발전하고 진취적이면 좋지 않을까.

남아 있는 우리들의 시간
여가가 아니고 금쪽같은 생명이다.
그래서 미래는 예고가 아니고 휴식이 아니고
도전이고 창조여야 한다.

무엇이라도 배워보자.
배우는 동안 우리들의 지능은 발전한다.
새로운 것에 대한 탐구생활
모르는 미지의 세계에 대한 여행과 탐험은
우리들의 육신을 긴장하게 하고
항상 깨어 있어 열정으로 살게 한다.
컴퓨터가 좋고 독서와 창작이 좋다.
아니면 취미를 찾으면 되고 하고 싶은 것 배우면 된다.

결심이 있고 의욕이 있다면
배움의 길은 여기저기 얼마든지 열려 있다.
배우겠다는 필요는 목표를 낳고
이루려는 목표는 노력을 낳고
땀 흘리는 노력은 창조를 낳고
창조는 당신의 인생을 아름답게 한다.

무언가 아름답고 고운 것

만들고 이루어 가려는 마음
땀흘려 노력하고 도전하는 것이
우리 노인들 삶의 본 자세여야 하지 않을까.

배움과 창조에의 도전
배우고 도전하는 것보다 아름다운 인생은 없다.

배우는 사람은 늙지 않습니다

비전을 버릴 때 인간은 늙습니다.
꿈을 버릴 때 인간은 주저앉아 절망합니다.
일흔, 여든 줄 나이는 늙은이가 아닙니다.
자신이 늙었다 인정하는 사람이 늙은이입니다.
아직 늙지 않았다며 꿋꿋하면 아직 젊은이입니다.
쉬운 일은 아니지만 꿈과 비전 버리지 맙시다.

그래서 무엇이라도 목표와 꿈을 가지고 배웁시다.
배우는 동안 결코 늙지 않음은 증명된 사실입니다.
계속적인 지적 활동이 우리들 뇌세포를 젊게 합니다.

컴퓨터를 배우면 재미있고 유익합니다.
이메일도 주고받고 동영상도 배우며 여가를 즐깁니다.

창작 교실에 등록해 글짓기를 배우면 더욱 좋습니다.
시집도 낼 수 있고 서러운 인생, 자서전도 쓸 수 있습니다.

외국어 하나 정도 배워두는 것이 기본 교양입니다.

영어, 일본어, 중국어 기본부터 하나 배워 봅시다.
서예, 꽃꽂이, 요가, 스포츠댄스 등 취미대로 뭐라도 시작합시다.

봉사에 뜻이 있다면 노인복지사라는 것도 있습니다.
공부가 싫다면 디카 하나 구해 취미로 사진 공부를 해 봅시다.
절대 멍청히 앉아 이별을 기다리는 바보는 되지 맙시다.
배우려는 열성만 있다면 공부할 곳은 얼마든지 있습니다.

일흔, 여든 줄 인생, 아직 20, 30년을 살 수 있습니다.
인생 70, 80 배우는 동안은 절대 늙지 않습니다.

활기차고 신바람나는 인생.
즐거운 인생은 당신의 것입니다.

행복은 공짜가 아니다

행복(Happiness)의 어원은
Happen(일어나다. 발생하다)이다.
만들어져 있는 것이 아니라
만들어야 하는 것임을 알 수 있다.

그럼 누가 만드는 것일까
나 스스로 만들어야 하는 것, 이것이 행복의 법칙이다.

쇼펜하우어는 마음껏 웃을 수 있는 상태.
불편, 불행이 없는 상태라 했고
할 일이 있다는 자체가 행복이라는 사람
두 손 있고 걸을 수만 있어도 행복이라는 사람도 있다.

부귀영화를 누려야 행복인 줄 알았는데
많은 돈이 꼭 필수조건이 아님을 알 수 있다.
행복의 척도가 얼마나 많이 가졌나가 아니고
그로부터 얼마나 자유스러운 가라니 말이다.

만족할 줄 모르는 사람.
감사할 줄 모르는 사람은 행복을 모른다.
사랑할 줄 모르는 사람도
용서할 줄 모르는 사람도 행복을 모른다.

그냥 저 혼자 행복하려는 욕심으로
정신없이 달려가기 때문이다.
재물, 명예, 쾌락이 으뜸이라 여기며
탐욕과 공명심에서 벗어나지 못하기 때문이다.

행복은 일상 속에 있고
사랑으로 차린 아내의 밥상 속에 있는데 말이다.
아내들이 말하는 가장 행복한 순간이
된장국 끓이는데 살며시 안아주는 손길이라는데…

주위에 있는 행복을 찾지 못하고
스스로 불행하다 여기는 바보는 되지 말자.
진정 행복하기를 바란다면
마냥 기다리지 말고 소리 높여 크게 웃어라.

감사하고 사랑하는 마음으로
욕심 버리고 땀 흘리며 열심히 살아라.
많이 가진 자의 풍요, 과시, 오만이
적게 가진 자의 즐거움에 미치지 못하고

아내의 사랑하는 눈빛, 웃는 얼굴에
즐거움이 있고 기쁨이 있고 행복이 있으니 말이다.

멀리 있지 않고 당신 곁에 있는 행복을 찾고 만드는 것은
당신의 마음이고 지혜이며, 당신이 항해사이다.
행복은 공짜로 얻어지는 것이 아니고
당신의 만족, 감사, 사랑하는 마음에 머물고 있는 것이다.

사랑하는 사람은 늙지 않습니다

사랑은 아름다운 능력이다.
때로는 실의와 좌절을 이기게도 한다.
사랑은 고귀한 능력이다.
아픔과 고통을 극복하게 한다.

사랑은 아름다운 꿈이다.
희망을 안고 분발하여 이루게 한다.
사랑은 없는 것에 대한 갈망이다.
아름다운 행복을 이루기 위해 노력한다.

사랑은 이해이고 배려이다.
무엇인가 해주고 싶고 되어주고 싶다.
사랑은 말없는 희생이다.
땀과 노력쯤은 얼마든지 아낌없이 줄 수 있다.

사랑은 끝없는 기쁨이다.
사랑 그 자체가 즐거움이고 행복이다.
사랑은 인간으로서의 본분이다.

사랑치 않으면 살아 갈 가치도 없다.

사랑하는 사람은 아름답다.
항상 생활이 즐겁고 인생은 행복하다.
사랑하는 사람은 늙지 않는다.
항상 베풀고 보살피는 마음에 늙을 틈이 없다.

노년에 아내와의 사랑은 보약중의 보약이다.
건강과 활력을 지켜주는 최선의 방법이다.
사랑하는 사람은 항상 열정적이다.
결코 무기력하게 늙고 주저앉을 시간이 없다.

왜 우리는 바보가 되지 못하는가

모두들 미친 듯이 날뛰고 있다.
먼저 가려하고, 많이 차지하려하고, 높이 오르려한다
양심이나 도덕 같은 것 던져두고 오직 출세, 축재에만 매달린다.

그러나 주위를 둘러보면 이와 반대로
모든 걸 버리고도 행복한 사람들을 볼 수 있다
재산 없고 지위 없어도 존경받고 행복한 사람
인간의 향기를 풍기는 사람이 아름다운 사람 아닌가.

세계 최고의 갑부 빌 게이츠는 바보 중에 큰 바보다.
자신의 재산 대부분을 자선사업에 기부하며 행복해 한다.
얼마 전 공개된 김수환 추기경의 자화상 「바보」를 보면서
정말 가난하고 겸손한 큰 바보의 삶을 우러러 보게도 된다.
누명을 쓰고서도 나라를 위해 목숨을 던진 이순신 장군이나
인류를 구하려 고난의 길을 간 예수나 석가의 생애가
우리에게 큰 교훈과 함께 감동을 주고 있지 않는가.

바보는 백치(白痴)가 아니다.

경험 많은 현자(賢者)일 뿐 절대 우둔한 바보가 아니다.
그들의 남을 먼저 생각하는 희생이나 단순하고 순진한 정직성,
거기다 승부나 득실 따지지 않는 끈기와 우직의 바보정신이야 말로
오늘날 우리 삶의 보배 같은 귀감이 되어 있지 않는가.

큰 바보는 아무나 될 수 없다.
우공이산(愚公移山)의 그 이상을, 그 높은 뜻을
우리는 쉽게 가슴에 품지 못한다.
천진난만한 어린이의 심성에다
고운 마음 바른 양심이 없다면
사랑과 용서, 포용과 나눔이 없다면
너와 내가 함께할 수 있는 여유와 배려가 없다면
세상은 인간성의 구원도 없고
분배와 보살핌의 즐거움도 없는
폭력과 이기심과 위선만이 판치는 정글사회가 될 것 아닌가.

나 자신 바보정신이 그리운 계절에
부끄럽게도 작은 바보도 되지 못하고
어쩔 수 없는 아집과 탐욕 속에서 바둥거리고 있다.

아 초라한 나의 인생!
언제쯤 나도 남의 말에 귀기울이고
어려움 보살펴 주며 인간으로서 좀 떳떳해질 수 있을까.

잘 익은 사과 향기 같은 멋쟁이

잠이 깨면 그때부터 자유다.
하루라는 시간이 모두 내꺼다.
무얼 하든, 무얼 먹든
나의 자유, 내 마음대로다.

구속도 없고 속박도 없고
의무도 없고 책임도 없다.
하고 싶은 일 하면 되고
가고 싶은 곳 가면 된다.
세월이 흘러 인생 일흔, 여든 줄에 들어서고부터
나를 위한 나만의 시간을 갖게 된 것이다.

나만의 주체성.
무엇이든 내가 알아서 하면 되고.
이래라 저래라 간섭이 없으니
완전 자주적이고 민주적이다.

비로소 나의 인생이

이렇게 넉넉하고 풍요롭게 된 것이 놀랍지 않는가.
더구나 무슨 짓을 해도 그릇됨이 없다는 일흔 줄이
무슨 일을 해도 부끄럼이 없다는 나이니 말이다.

그러나 매일 먹고 놀고, 놀고먹고
무위도식, 허송세월해서야 될 말인가.
겸손히 하고픈 일 하면 되고
제일 잘하는 일 즐기면서 살면 된다.
친구 만나 점심 나누면 되고
그리움과 사랑 나누며 어울리면 된다.

절대 구질구질하지 않게
멋있고 아름다운 심성으로 살아야 한다.
주책스럽고 망령스런 탐욕 같은 것 버리고
세상사 모두 달관한 원로로 살아야 한다는 말이다.

권위와 존경은 공짜가 아니다.
스스로 노력과 모범으로 인정을 받아야 한다.
너그럽고 관대함은 필수이고
아픔과 갈등을 풀어가는 포용력도 있어야 한다.

가슴을 열고 스스로 먼저 다가가서
가슴이 따뜻한 이웃의 모범이 되어야 한다.
잘 익은 사과 향기처럼

원로의 향기가 나는 사람, 멋쟁이로 살자.

즐겁고 아름다운 삶도 스스로 마음먹기에 달린 것.
각본, 연출, 주연 모두 자기 자신이다.
YOLO(you only live once: 당신의 인생은 한 번뿐이다.)
한 번뿐인 인생, 다시 못 오는 인생.
멋쟁이 원로로 살면 좋겠다는 생각이다.

아직 우리가 착하지 않다면 인간도 아니다

더러는 늙는 것이 슬프다 한다.
추하게 늙고 어딘가로 떠나야 한다는 아픔 때문에
이 좋은 세상, 과학문명의 풍요 속에서도
슬프고 가슴 아프다 하는 사람도 있더라.

그러나 다시 생각해 보면 인생 일흔, 여든 줄은
아름다운 축복이고 편리한 시절이기도 하다.
모든 고난 다 이겨왔고, 모든 의무에서 자유로워
하고 싶고 되고 싶은 것, 다 할 수 있고
가고 싶은 곳 , 만나고 싶은 사람 다 만날 수 있는 시기
왜 축복이고 즐거운 일이 아닐까.

무슨 짓을 해도 부끄럽지도 않다는 나이
무슨 일을 해도 법도에 어긋나지 않다는 나이
많은 것 경험하고 세상사에 달관했으니
누구도 그 지혜와 권위를 무시하지 못한다.

그러나 주위의 배려와 관심의 눈초리

우리를 눈여겨보는 시선에서 자유로울 수 없다.
탐욕과 아집, 쓸데없는 욕심과 고집은
우리들 노인들의 체면과 명예를 구기게 한다.

보지 못할 것 보지 말라고
눈도 침침하게 보이지 않도록 배려하셨다.
말하지 않아도 되는 것, 듣지 않아도 되는 것,
자연스런 노화현상으로 멀리하게 하셨다.
그런데도 무슨 욕심 남았다고 싸움질이고
무슨 고집 피운다고 삿대질로 화합하지 못하는가.

이제는 모든 것 다 접고, 착하고 예의 바르게
겸손하고 온후하게 끝을 맺는 게 옳지 않겠나.
결국 이 세상을 지탱하는 으뜸 질서는 인간의 본성.
착하고 고운 마음씨, 선(善)함에 있는 것 아닌가.

고운 마음 바른 양심, 그 착한 심성이
정과 사랑으로 지탱해 온 것이 우리 사회 아닌가.
우리가 저승 문턱에서 심판 받을 때
많은 돈과 명예, 쌓고 이룬 것은 묻지 않는다.
열정과 용기도 문제가 아니고
오직 하나 얼마나 선하게 살았나 하는 것 아닐까.

우리들 인간 자체에 대한 연민과 사랑

남을 생각하는 배려와 희생을 으뜸으로 칠 것이다.
이제 우리는 하나하나 버리고 놓아가면서
조금씩 착해지는 자신을 느끼지 않는가.
인생 여든 즈음에 우리가 아직 착하지 않다면
인간으로서 너무나 부끄러운 일이 아닌가.

아내와 함께하는 인생이 즐겁다

친구처럼 애인처럼 남은 인생 함께 살아야 할 아내.
일흔, 여든 줄부터 실버들에게는 아내와 함께 할 활동영역이
있나 없나에 따라 삶의 질이 달라질 수 있다.

부부가 함께 오손도손 손잡고 외출했다가
정다운 모습으로 즐겁게 귀가하는 모습처럼
아름답고 흐뭇하고 행복한 모습이 또 어디 있을까.

새로운 참여와 도전에 의해 우리들 삶과 생활은
자극도 얻고 의욕도 생기고 활력도 생겨
꿈과 희망도 안게 되고 기도하는 마음도 생긴다.

아내와 함께 새로운 지식의 습득에 힘쓰자.
함께 배울 수 있는 것이라면 무엇이라도 배우자.
외국어 하나 쯤, 컴퓨터라도 함께 배우면 얼마나 좋을까.

함께 건강 유지를 위한 운동에도 나서자.
걷기, 등산, 게이트볼, 사교댄스 등 함께할 수 있는

신체 활동 능력의 유지를 위한 운동을 시작하자.

새로운 취미를 공유하고 함께 즐기자.
등산, 여행, 노래교실 등 취미생활을 즐기기 위해
함께 서클이나 산악회, 동호회에 활발하게 참여하자.

봉사의 즐거움도 함께하면 얼마나 즐거울까.
이웃의 소외되고 외로운 사람들 가능하면 돕고
환경보호나 이웃 사랑 나누기에 동참하면 좋지 않을까.

지금은 황혼이 아름답지만 곧 어둠이 닥친다.
밤길 함께 가야 할 사람은 오직 아내뿐이다.
손잡고 함께 울어 줄 사람도 아내뿐이 아닐까.

아내와 함께 살아가는 방법을 즐겁게 설계하자.
아내와 함께 동참하는 시간을 가능하면 확보하자.
아내와 함께 활동하는 분야와 영역을 확대하자.

함께 열심히 노력하며 살아가는 모습을 보여주자.
함께 건강하게 즐기면서 살아가는 모습을 보여주자.
그렇게 함께 웃고 즐기며 사는 것이 곧 행복 아니겠는가.

그대 아직 로맨스를 꿈꾸는가

"남이 남이하면 불장난
내가 내가하면 로맨스"라는 유행가 가사.
누구나 이 대목에 이르면
소리 높여 합창하며 짜릿한 로맨스를 그리워한다.

남의 사랑은 추잡하다 하면서
자신의 사랑은 로맨스로 미화하려는 심리.
남과 자신, 그 개체에 따라
판단의 기준이 극히 이기적으로 변하는 것이다.

나의 사랑이 로맨스라면
남의 사랑도 로맨스이어야 하고
남의 사랑이 불장난이라면
나의 사랑도 불장난이어야 사리에 맞지 않는가.

추억과 체념 속에 산다는 노년에
아직 우리에게도 사랑의 열정이 남았는지
아직도 현역이라고 큰소리하는 사람도 있고

불 꺼진 항구라는 사람도 있고…

건강과 열정에 따라 불꽃을 피우는 사람과
무기력과 실의에 빠져 머리 숙인 사람도 있다.
소외와 외로움에다 파트너 없는 쓸쓸함은
우리들 실버들에게 가장 큰 아픔이다.

그렇다 해도, 평생의 고락을 함께한 아내
조강지처가 있음 되었지 로맨스는 또 무엇인가.
아직도 가슴속 탐욕의 짐승 한 마리
호시탐탐 먹이를 노리고 있는가.

치근대고 꽁무니 따르며 헤픈 웃음으로
추잡한 유혹을 꿈꾸고 있지나 않는가.
주변의 여성을 쾌락의 대상으로 보면
자칫 추악해지고 주책이기 마련이다.

사랑은 아름답다지만, 로맨스는 달콤하다지만
노년은 어디까지나 절제하고 자제해야 하는 나이.
아내 사랑함이 행복의 첫째 조건이다.
할머니 사랑하는 할아버지가 행복한 사람이다.

혹시, 혼자라서 외로워도 품위를 지키며 살 일이다.
불장난은 자칫 상처를 주며 자신을 추악하게 만든다.

주위의 여성들, 불장난의 대상이 아니다
배려와 우정의 대상이고 어울려 사는 친구일 뿐이다.

인생의 축복이라는 사랑의 기쁨을 위해
꽃에게 물 주듯 아내를 위하고 사랑하자.
자칫 엉뚱한 불장난 꿈꾸다 망신살 뻗치고
말년에 씻을 수 없는 수모를 당하기도 하느니…

함께하는 사람이 옆에 있건 없건
행여 인생 여든에는 추잡한 상상에 빠지지 말고
주책없이 로맨스랍시고 꽃밭을 헤맬 일이 아니다.

사랑은 무한해서 주어도 주어도 끝이 없고
울면서 참아야 하는 아픔도 있기에
그리움, 안타까움 같은 것 가슴에 묻고
묵묵하게 더러는 초연한 모습으로 살아야하지 않은가.

로맨스는 아름답고 달콤하다.
그러나 인생 여든에는 정리하고 안녕하는 시간
고운 추억, 고운 얼굴 하나 떠오르면
고마웠다고 사랑했노라고 빙그레 웃을 일이다.

지금은 태백산 눈꽃 구경가셨다고 여쭈어라

나이를 따지지 않습니다.
재산이 많고 없음도 따지지 않습니다.
잘나고 못남 따지지 않습니다.
배우고 못 배움 따지지도 않습니다.

그저 능력이 다해, 기력이 다해
먼저 오는 사람 순서일 뿐이라 합니다.
서로 먼저 가지 않으려 하지만
절대 도망칠 수 없습니다.

어떤 부자라도 돈으로 피할 수 없고
어떤 지식으로도 면할 수 없습니다.
때가 되면 바람 불고 낙엽 지듯
하나둘 떨어져 가야하는 운명.

생로병사(生老病死)의 아픔은
어느 누구나 마찬가지입니다.
그런데 자세히 살펴보면

먼저 가고, 빨리 가는 사람의 유형이 있습니다.

욕심내는 사람과 게으른 사람.
그러나 이들은 그걸 모르고 삽니다.
재물을 욕심해서 건강 돌보지 않는 사람.
음식을 욕심해서 성인병 얻은 사람.
채워도 채워도 끝이 없는 탐욕 때문에
스스로 나락으로 떨어진 사람들 이외로 많습니다.

또 편한 것이 좋다면서 놀며 즐기는 사람.
노동의 기쁨도 모르고 땀을 모르는 사람.
꿈도 없고 목표도 없는 무의미한 인생은
스스로 자신을 파멸의 구덩이로 밀어 넣습니다.

탐욕 다 버리고 홀가분한 인생.
스스로 만족하는 인생이 으뜸입니다.
부지런히 움직이고 열심히 사는 인생.
땀흘리는 기쁨을 알아야 삶이 즐겁습니다.

고운 마음, 웃는 얼굴, 바른 걸음으로 사는 사람,
삶은 기쁨이고 즐거움이고 언제나 당당합니다.
순서 같은 것 생각할 필요도 없고
하늘나라도 두려워하지 않습니다.

내일이라도 누가 문 밖에서 찾는다면,
혹시 어떤 사람이 데리러 왔다면
“그 사람 지금 태백산 눈꽃 구경 가고 없소!”
“그 사람 애인 데리고 해맞이 여행 갔소!”
그렇게 외치면 좋지 않겠습니까.
그렇게 외칠 수 있게 살아야 하지 않겠습니까.

오우(五友), 그대 어떤 친구를 가졌는가

내 벗이 몇이나 하니 수석(水石)과 송죽(松竹)이라
동산에 달 오르니 그 더욱 반갑고야
두어라, 이 다섯밖에 또 더하여 무엇 하리.

고산 윤선도(1587-1671)는 五友歌에서
물(水), 바위(石), 소나무(松), 대나무(竹), 달(月)을
다섯 벗으로 삼아 유배지에서 외롭게 살면서도
자연에 대한 애정과 관조를 노래하면서
자신의 맑고 밝은 마음을 아름답게 묘사하고 있다.

세상이 변하여 과학 문명 시대.
다양한 욕구와 치열한 경쟁 속에 살면서
함께 살아야 할 벗, 친구의 개념도 바뀐 지 오래다.
그럼 당신은 어떤 친구들과 인생을 즐길 것인가.

나는 사랑하는 사람(아내. 가족)을 처음으로 꼽는다.
연인 같은 아내, 친구 같은 아내… 얼마나 즐거운 인생인가.
원수 같은 아내에게서 하숙생으로 대우받으며 살지 말자.

웃음이 있고 사랑이 넘치는 연인, 아내를 사랑하자.

자연은 살아 있는 동안 항상 함께 해야 할 친구다 .
계절 따라 변하는 산과 강, 꽃과 새들의 노래.
꽃피면 그 향기 즐기고 낙엽지면 그 길을 걷고
비오면 비에 젖어보고 눈 오면 눈길 걸으며 봄을 기다리며
그렇게 자연과 동무하고 사는 것 얼마나 큰 즐거움인가.

보고프면 달려가고 부르면 달려오는 그런 친구를 가졌는가.
친구의 숫자가 행복의 척도가 된다는 보고가 있었다.
기쁘고 슬플 때 웃음과 울음을 같이 할 허물없는 친구
소주도 한잔 나누면서 격려하고 충고하며 꿈과 이상도
함께할 수 있는 친구를 가져야 한다.

세상에서 가장 아깝지 않는 돈이 책값이다.
한 번 사면 몇 번 읽을 수 있고, 보고플 때 읽으면 되고
모든 역사, 지식, 사람들의 이야기, 없는 것, 모르는 것이 없다.
인생은 평생 배우며 살아야 하는 존재
책을 동무하고 살아야 새로워지고 발전할 것 아닌가.

과학 문명의 총아, 컴퓨터, 스마트폰을 몰라서는
21세기를 살 수 없다.
무궁무진, 변화무쌍, 신속 정확, 흥미진진에다 만물박사까지
또 다른 우주, 광활 무변한 세계가 우리를 부르고 있다.

디지털의 정보 바다에서 세상사람 모두가 친구가 된다.
컴을 배우자. 스마트폰도 즐기자.
재미도 있고 편리한 친구들이다.

술을 친구 반열에 올려놓고 컴퓨터와 경합시키다
새로운 친구 다섯에서 탈락시켜 놓고 씁쓰레 웃었다.
즐기면 된다는 생각이고 절제해야 한다는 생각이다.
아내나 아이들의 걱정이 그러한데 이제는 따라야지.

가족, 자연, 친구, 책, 컴퓨터
자랑스럽게 다섯 친구를 건방지게 소개했는데
이게 웬일인가.
내 마음이 한없이 즐거워지면서
나 스스로 자랑스러워졌으니 말이다.
아- 사랑하는 나의 친구들!

황혼처럼 아름답게, 노을처럼 황홀하게

일흔, 여든 줄은 인생의 황혼이다.
황혼은 석양, 아름다운 노을이다.
그러나 왜 우리들의 황혼
외로움과 슬픔뿐이라는가

꽃은 곧 지기 때문에 아름답지만
황혼도 곧 닥칠 어둠 때문에 아름답다지만
왜 우리들의 노년
체념과 후회 속에 한숨으로 살아야 하나.

인생 일흔, 여든 줄은 잘 익은 과일처럼
완벽한 성숙일 수도 있는데
그래서 또 다른 생의 시작을 알리는
우렁찬 팡파르일수도 있는데 말이다.

무엇을 해도 어긋나지 않는 나이
인격과 인품이 세월 따라 익는 나이
무엇이 두려워 눈치만 보는가

무엇이 모자라 아직도 탐욕 버리지 못했는가.

이제 마지막 성취와 결실을 위해
땀과 노력을 쏟아야 하는데
왜 주저앉아 땅만 보고 있는가.
왜 뒷짐 지고 헛기침만 하고 있는가.

우리들의 말년도 황혼처럼
사무치게 아름다울 수 있다.
이제 24시간이 모두 내 것
빈둥빈둥 편한 것은 허송세월이다.

묵묵하게 자신을 갈고 닦아야 한다.
스스로 배우고 참여하려는 열의가 있어야 한다.
제일 해보고 싶었던 것, 무엇인가.
내가 제일 잘하는 것 무엇인가.

참여와 봉사의 길은 어디에도 있다.
배움과 정진의 길도 사방에 열려 있다
소탈하고 겸손하되 반듯하게.
단순하고 순박한 마음으로 배우며 살아야 한다.

할아버지의 따뜻한 체온과 손길
너그러워야 하고 관대해야 한다.

그래서 누구에게나 존경받는 어르신,
절대 아프지 않고 웃음 짓는 어르신으로
저 황홀한 석양처럼 몸과 마음 불태우고
장엄한 교향곡의 피날레처럼
우리들의 사랑, 우리들의 인생
아름답게 살아야 하지 않는가.

혼자 있어도, 혼자가 되더라도
가장 아름다운 고독까지도 동무하는
축복받는 노년을 즐겨야 하지 않는가.

권우용 지음
그대 아직 로맨스를 꿈꾸는가

2020년 1월 25일 초판 인쇄
2020년 1월 31일 초판 발행

지은이 / 권우용

발행인 / 강병욱
발행처 / 도서출판 교음사

03147 서울 종로구 삼일대로 457 수운회관 1308호
Tel (02) 737-7081, 739-7879(Fax)
e-mail / gyoeum@daum.net
등록 / 제 2007-00052호

* 잘못된 책은 바꾸어 드립니다. 값 12,000 원

ISBN 978-89-7814-772-9 03810

이 도서의 국립중앙도서관 출판예정도서목록(CIP)은 서지정보유통지원시스템 홈페이지(http://seoji.nl.go.kr)와 국가자료공동목록시스템(http://www.nl.go.kr/kolisnet)에서 이용하실 수 있습니다. (CIP제어번호 : CIP2020002228)